高校英語
「主体的・対話的で深い学び」
×CLIL×ICT×UDL×PBL

編著者　高橋　昌由

大学教育出版

はじめに

　2021年2月に『英語×「主体的・対話的で深い学び」— 中学校・高校 新学習指導要領対応 —』を出版しました。その続編として、中学校の授業の実践版としての『中学英語「主体的・対話的で深い学び」×CLIL×ICT×UDL』（以下、『中学編』）を出版しました。本書はそのまた続編の高校編となります。実は、さらにこれらとは少し異なる視点からの『英語授業「主体的・対話的で深い学び」を高めるために』も出版しました。本書で「英語授業×『主体的・対話的で深い学び』」のシリーズがお蔭様で4冊目となります。いずれも大学教育出版からです。

　本書は、これまでのシリーズの書を踏襲しているところが多々あります。何と言ってもすべての読者の皆さまのすべての生徒たちが「主体的・対話的で深い学び」を楽しむことをめざして、「主体的・対話的で深い学び」などを求める学習指導要領の下で、先生方が教科書をうまく使って授業をする方法を提案するために、すぐれた実践家の高校の先生方による授業案を提示しています。変化を予見しつつ不易流行を具現して、教えることの基礎・基本をしっかり踏まえ、鷹揚に構えて生徒たちに接していくために、より良い授業を本書では模索しています。そのために、教えることの基礎・基本を土台に、小・中・高の接続や生徒たちの躓きへの対応等を重視しつつ、CLIL（内容言語統合型学習）、ICT（情報通信技術）、UDL（学びのためのユニバーサルデザイン）、さらにPBL（プロジェクト型学習）の視点を加えて、いつの世にも色あせない本書を皆さまにお届けします。

　高校での英語授業は、中学の英語授業とは地続きのはずです。だから中学校からのシームレスな学びが必要です。そのためには、中学で習熟していないということがもしあればそれを補完するだけでなく、新たな学びも必要です。同様に高校入学後から卒業までの学びでも、シームレスに振り返りつつ、補充しつつ学び、より高い学びに至らなければなりません。そのためには何が必要なのでしょうか。その一つの答えとして、本書があります。

　本書では、授業を進めていく様々な方法をお伝えします。お伝えした先には生徒たちの「主体的・対話的で深い学び」があります。

　本書を刊行するにあたり、これまでと同様に、大学教育出版は私たちの熱意をご理解くださいました。また、編集の社彩香様にはたいへんお世話になりました。ここにお礼申し上げます。

2024年10月

高橋昌由

本書をお読みいただくにあたって

　引用文献及び参考文献等の明示につきまして、本書には、文部科学省著作権所有の『高等学校学習指導要領（平成30年告示）解説　外国語編　英語編』からの引用が多数あります。書物等では、引用文献や参考文献の出典を明示するのが通例です。しかしながら、本書においては、『高等学校学習指導要領（平成30年告示）解説　外国語編　英語編』からの引用であることが容易におわかりいただけるであろう場合は、紙幅の都合上、たいへん申し訳ありませんが、その記載を控えさせていただき、学習指導要領とのみ記載するか、そのようにさえ記載しない場合もありますので、ご了承いただきますようお願いいたします。また、同様に『「指導と評価の一体化」のための学習評価に関する参考資料【高等学校　外国語】』は、学習評価参考資料などとさせてください。なお、文献やウェブサイトからの引用等につきましては、その名称等やURLを適所に記載させていただいている場合があります。

　次に、用語の説明をいたします。まず、pre-, while-, post- につきまして、授業の展開で、活動の前、活動の最中、活動の後の意味で使います。学習指導要領には、「実際の活動においては，…配慮を適宜行いながら，適切な活動を展開」するとして、例えば、p. 43に「聞く前，聞いている間，聞いた後」という表記があります。同様に、「読む前，読んでいる間，読んだ後」（p. 45）、「やり取りする前，やり取りしている間，やり取りした後」（p. 48）、「発表する前，発表している間，発表した後」（p. 50）、「書く前，書いている間，書いた後」（p. 53）が見られます。次に「段落」という用語について説明いたします。これは中学校の外国語科の学習指導要領には出現しないのですが、高校の外国語科の学習指導要領には出現します（ちなみに中学校の「国語」の学習指導要領には出現しています）。高校の外国語の学習指導要領に出現する「段落」は英語ではparagraph（パラグラフ）と呼ばれる文章の集合体と筆者は捉えていて、これは、国語で使われている「段落」とは異なると理解しています。また、高校の外国語科の学習指導要領に出現する「複数の段落」は、「段落のつながりを示す語句などを取り上げ，序論・本論・結論を，豊富なモデルを活用しながら書くことができるようになるよう指導する」（p. 72）と説明があることから考えて、英語ではessay（エッセイ）と呼ばれるparagraphの集合体と捉えています。「スキーマの活性化」という用語が本書に出てくることがあります。これは、「背景知識の活性化」とも言うでしょうし、英語ではschema activationと言うでしょう。本書では、これらは同義で使用し、簡略化する際はSAと表記させていただくこともあります。最後に、語彙は「語の総体」「句」「語」と捉えてもよいと考えています。

高校英語「主体的・対話的で深い学び」× CLIL × ICT × UDL × PBL

目　次

はじめに ……………………………………………………………………………………… i

本書をお読みいただくにあたって …………………………………………………………… ii

I 「主体的・対話的で深い学び」を達成するために

1. 本書の概要 …………………………………………………………………………… 2
2. 求められる英語授業実践の基礎・基本：学習指導要領「外国語（英語）」の基本的な考え方と授業のツボ ………………………………………………………………… 4
3. 「主体的・対話的で深い学び」とピア・フィードバック ……………………………… 6

II 求められる英語授業実践の充実のために：CLIL、ICT、UDL、PBL

CLIL、ICT、UDL、PBLとは？　なぜ必要か？　何が必要か？ …………………… 10

III 生徒が主体的に行うミニ即興ディベート

「責任の移行モデル」で自律した学びを成立させよう ……………………………… 18

IV 実際の授業での展開例

1. 英語コミュニケーション I：東京書籍 Power On English Communication I
   「読むこと」イ ……………………………………………………………… 28
2. 英語コミュニケーション I：三省堂 MY WAY English Communication I
   「話すこと［やり取り］」イ ………………………………………………… 42
3. 論理・表現 I：新興出版社啓林館 Standard Vision Quest English Logic and Expression I
   「話すこと［やり取り］」イ ………………………………………………… 54

4. 論理・表現Ⅰ：数研出版 EARTHRISE English Logic and Expression I Advanced

　　　　「書くこと」ア ··· *66*

5. 英語コミュニケーションⅡ：数研出版 BIG DIPPER English Communication II

　　　　「読むこと」イ ··· *80*

6. 論理・表現Ⅱ：三省堂 MY WAY Logic and Expression II

　　　　「話すこと［やり取り］」イ ··· *92*

7. 英語コミュニケーションⅢ：数研出版 BLUE MARBLE English Communication III

　　　　「聞くこと」イ ·· *106*

8. 論理・表現Ⅲ：新興出版社啓林館 Vision Quest English Logic and Expression III

　　　　「話すこと［発表］」イ ·· *119*

 Ⅴ　すぐれた高校授業を実現するために

「主体的・対話的で深い学び」× CLIL × ICT × UDL × PBL の成功のカギと今後への備え ··· 134

参考文献 ·· *136*

索　　引 ·· *137*

執筆担当 ·· *142*

執筆者紹介 ·· *143*

I 「主体的・対話的で深い学び」を達成するために

1. 本書の概要

本書はⅠ～Ⅴで構成されています。Ⅰではまず本書の概要を示して、求められる英語授業実践の基礎・基本を学習指導要領の基本的な考え方と授業のツボから読み解き、「主体的・対話的で深い学び」とピア・フィードバックについてお伝えします。次にⅡでは求められる英語授業実践の充実のために、時代を拓くCLIL、ICT、UDL、及びPBLの4つの視点の必要性や重要性、さらにTIPを説きます。Ⅲでは、学習指導要領の大きな特徴がやり取りであるとの位置づけで、生徒が主体的に行うミニ即興ディベートを紹介します。

そして続くⅣでは、実際の授業での展開例を示します。学習指導要領が提示する、英語コミュニケーションⅠ、英語コミュニケーションⅡ、英語コミュニケーションⅢ、論理・表現Ⅰ、論理・表現Ⅱ、論理・表現Ⅲの教科書を、8人の高校の先生方が使ったおすすめの授業を授業案で提示をします（Stage 1）。なお、注目していただきたい大きな流れは6. 本時の展開内の☐で示しています。その授業提案に対して、CLIL、ICT、UDL、及びPBLの「専門家」が、授業者とインタビューを実施して、それぞれの視点からStage 1の授業提案に対して、それぞれの授業を掘り下げます（Stage 2）。それぞれの先生の授業に対するすぐれた考えが示されていて、たいへん貴重です（正直なところ、筆者自身、勉強になっています）。そして最後のStage 3では、授業案とインタビューをまとめ上げます。そこでは、まず、学習指導要領の領域別の目標や、目標に関連した言語活動を中心に、提案される授業の解説、進行、特徴等を、続いて **CLIL×ICT×UDL×PBL** として、CLIL、ICT、UDL、及びPBLのそれぞれの視点で授業案の内容やそこから考えられる様々なこと、また、紙幅の都合で本書内ではお届けできなかったインタビュー内容も活用するなどして、専門家の声を拾い上げる形でお伝えします。なお、Stage 1での科目、扱う4技能・五領域、授業提案者は下表の通りです。

1.	英語コミュニケーションⅠ	「読むこと」イ	阿部 慎太郎
2.	英語コミュニケーションⅠ	「話すこと［やり取り］」イ	鈴木 啓
3.	論理・表現Ⅰ	「話すこと［やり取り］」イ	鈴木 優子
4.	論理・表現Ⅰ	「書くこと」ア	岩瀬 俊介
5.	英語コミュニケーションⅡ	「読むこと」イ	堀尾 美央
6.	論理・表現Ⅱ	「話すこと［やり取り］」イ	芹澤 和彦
7.	英語コミュニケーションⅢ	「聞くこと」イ	前田 秋輔
8.	論理・表現Ⅲ	「話すこと［発表］」イ	松山 知紘

またStage 2を担当する専門家は、CLILは谷野圭亮、ICTは米田謙三、UDLは森田琢也、PBLは藤澤佑介です。Stage 3は編著者高橋昌由が担当します。

最後に Ⅴ では、すぐれた授業を実現するための「主体的・対話的で深い学び」× CLIL × ICT × UDL × PBL の成功のカギと今後への備えについてお伝えします。

さて、高校の授業でも、もちろん言語活動の充実が求められています（独立行政法人教職員支援機構、2022）。これは、統合的な言語活動、授業が実際のコミュニケーションの場であること、「目的や場面、状況など」に応じた理解、表現、伝え合いが求められているということです。そのために、例えば、「読むこと」に関する授業では、和訳して終わり！であったり、英問英答でのさらりと大意把握で終わり！であったりなどは論外で、また、読んだことを単に相手に英語で説明するだけでは足りないのです。

では、どうすることが必要なのでしょうか。「読んだことに関して自分で考え」、考えたことなどを相手やクラスのみんなに伝えたり、伝えあったりするために、読み方を工夫したり「相手にわかりやすく伝えたりする工夫をする」など、活動に目的を持たせることが大切です。さらに言語活動を通して、「主体的・対話的で深い学び」の実現に繋げることも重要です。例えば、一つの答えを導くような質問だけでなく、正解がないかもしれない発問に生徒が意見や考えなどを伝えあったり、「生徒自らが問いを立てたりするような課題の工夫」が求められたりすることとなります。これらの対応の視点が、本書の推しの CLIL、ICT、UDL、及び PBL なのです。

先述の「読んだことに関して自分で考え」とは、CLIL の思考が関係しますね。また、「相手にわかりやすく伝える工夫をする」の「伝える工夫」は ICT に、「わかりやすく」は UDL に関係しますね。また、「生徒自らが問いを立てたりするような課題の工夫」というのはもうおわかりでしょうか、PBL に関係します。このような高校の授業で必要不可欠の情報を知っていただきたいですし、その結果、すぐれた授業を受けた高校生が主体的・対話的で深い学びをして、ストラテジー（strategy、方略）を身に付けて、力をつけてほしいと思います。このような思いで本書は書かれています。

また、これら CLIL、ICT、UDL、及び PBL 以外には、大技・小技やテクニック等が必要でしょう。本書にはそれらが提示されています（もっと言わせていただければ、既刊の「英語授業×『主体的・対話的で深い学び』」のシリーズもご覧ください）。例えば、大技・小技やテクニックに関しては、上述の「読んだことを単に相手に説明する」という方法としてリテリングが本書では扱われています。その他にも、それぞれの授業案に様々なテクニック等がちりばめられていますので、全体をじっくりご覧いただきたいと思います（さらには、あまり明示していませんが方略を重視していることもおわかりいただけると思います）。

最高の授業は、最高の生徒指導であることを矜持に、いつの世にも色あせない本書を堪能していただきたいと思います。

2. 求められる英語授業実践の基礎・基本：学習指導要領「外国語（英語）」の基本的な考え方と授業のツボ

　高等学校では、改訂された学習指導要領が2022年度から実施されて、今後の予測困難な時代においても生徒が様々な変化に対応しつつ、他者と協働して課題解決へと立ち向かうことが求められています。人工知能（AI）は日々進化しており、世の中は変化し続けていくことでしょう。

　さて、すぐれた授業のためには、学習指導要領解説の外国語科改訂の趣旨及び要点をおさえておく必要があります。では、まず、改訂の趣旨を簡潔にして提示してみます。

・外国語によるコミュニケーション能力が生涯にわたり必要とされることが想定され、その能力の向上が課題となっています。
・小・中・高等学校で一貫した外国語教育を実施することにより、言語や文化に対する理解を深め、積極的に外国語を用いてコミュニケーションを図ろうとする態度や、情報や考えなどを的確に理解したり適切に伝えたりする力を身に付けさせることを目標として掲げ、4技能などを総合的に育成することをねらいとして改訂されました。
・学年が上がるにつれて児童生徒の学習意欲に課題が生じるといった状況や、学校種間の接続が十分ではなく、進級や進学をした後に、それまでの学習内容や指導方法等を発展的に生かすことができないといった状況も見受けられました。
・高等学校の授業においては、依然として外国語によるコミュニケーション能力の育成を意識した取り組み、特に「話すこと」及び「書くこと」などの言語活動が適切に行われていないことや、読んだことについて意見を述べ合うなど複数の領域を結び付けた言語活動が適切に行われていないことといった課題が残っています。
・これらの課題を踏まえ、外国語教育を通じて育成をめざす資質・能力全体を貫く軸として、特に他者とのコミュニケーションの基盤を形成する観点を重視しつつ、他の側面からも育成をめざす資質・能力が明確となるよう整理されました。
・外国語の目標は、「外国語によるコミュニケーションにおける見方・考え方」を働かせ、外国語による4技能の言語活動を通して情報や考えなどを的確に理解したり適切に表現したり伝え合ったりするコミュニケーションを図るために必要な資質・能力全体を育成することです。

　次に、改訂の要点を簡潔にすると、以下のようになります。

外国語科の目標は、「知識及び技能」「思考力、判断力、表現力等」「学びに向かう力、人間性等」の三つの資質・能力を明確にした上で、各学校段階の学びを接続させるとともに、「外国語を使って何ができるようになるか」を明確にするという観点から改善・充実を図っています。まず、国際的な基準の導入として、CEFR（Common European Framework of Reference for Languages）を参考に、五領域別の目標を設定しています。次に、コミュニケーション能力の強化として、外国語で表現し伝え合うために、外国語やその背景にある文化を、社会や世界、他者との関わりに着目して捉え、コミュニケーションを行う目的や場面、状況等に応じて、情報を整理しながら考えなどを形成し、再構築することを重視しています。高等学校では、中学校における学習を踏まえた上で、五領域別の言語活動及び複数の領域を結び付けた統合的な言語活動を通して、五領域を総合的に扱うことを一層重視し、更なる総合的な英語力の向上を図るように設定されています。

　では、これらを踏まえての授業のツボとはどのようなものになるのでしょうか。

① 授業導入での文法や語句をリサイクルで活用していますか。　基礎となる文法や語句を活用するための活動を継続的に繰り返したいものです。この活動を授業の冒頭ですると、英語を使うスイッチの切り替えも兼ね、前時の既習事項を再利用し、知識及び技能を確かにすることにも繋がります。具体的には、教師がSmall Talkから入り、そしてペアワークを行います。そのペアワークで得た情報を異なるペアの相手に伝え、2技能を統合的に扱うのもよいでしょう。短時間でも漆塗りのごとく積み重ね、継続していくことが大事です。

② 目的・場面・状況の設定をしていますか。　何のために、どのような場面で、どのような状況でというのを設けながら、言語活動のタスクを与えておられますか。定期考査時のみ、それらを設定して評価していることを伝え聞くことがあります。当然、目的・場面・状況を考えるのは、労力も時間も要します。しかし（できる限り）、目的・場面・状況を設定して言語活動をしましょう。生徒に主体的に考えさせると面白いアイディアを提供してくれるものです。

③ 量は大事だけれども、一度に多くを与えていませんか。　Magical Number 7 ± 2（Miller、1956）を意識するのはいかがでしょうか。一般的には記憶の範囲量があるとされています。新出語句などを与えすぎていませんか。初めは7 ± 2程度に抑えつつも、それらを関連付けると一つのチャンクとなり、それが大きな単位となり、それを7 ± 2にしていけるわけです。あくまでも一つの基準として頭の片隅にでも置いてはいかがでしょうか。

　上記の3点の授業のツボを取り上げてみました。先生方の授業を少しでも後押しできるきっかけになれば幸いです。

3.「主体的・対話的で深い学び」とピア・フィードバック

　「主体的・対話的で深い学び」で、自律した学び手を育てたいものです。そのために小グループでの発表後に「大切な友だち」という活動を行います。温かい対話ができる土壌を作り、相互評価ができるようにし、振り返りを主体的・対話的で深いものにします。

1.「主体的・対話的で深い学び」を阻害するもの

　気軽に匿名で発信できるSNSの影響からか、「他人を見下す」や自己コンプレックスを隠すために「他人をけなす」ことが増え、教室の雰囲気が冷たくなってはいないでしょうか。日本の英語学習には、「学習の目的が大学入試に偏っている」「EFL環境で英語を実生活で使わない」「大規模クラスのため授業規律を過度に重視する」「教師による日本語での解説と講義的な授業を好む」という課題があります。これらが生徒を「知識の受け手」とし、英語を単なる暗記科目と考えさせています。これが「主体的・対話的で深い学び」を妨げます。生徒の自己肯定感と自律性を高めるためのアプローチが必要です。それがピア・フィードバックです。

2. ピア・フィードバック

　ピア・フィードバックでは、同じ学習グループのメンバーがお互いに対して評価や意見を提供し合います。コミュニケーション能力や批判的思考力を養い、協働的な学びの促進や、アウトプット活動の質の向上をめざしてピア・フィードバックを行えるようにしたいものです。生徒がお互いの学びを共有することが心地よいと思えるようになり、英語学習を通じて、生徒どうしが尊敬し、助け合える環境を作ることが、振り返りの質を高めます。

3.「大切な友だち」

　相互評価力を育成する活動として、4名程度の発表活動の後に行う「大切な友だち」（PLC便り、2012）を紹介します。英語ではcritical friendsと呼ばれています。手順は次の通りです。

① 発表を傾聴する：単に聞くのではなく、②〜④のことができるように聴きます。興味を持ち、理解しようとする姿勢を身に付けたよい聞き手を育てます。

② 不確かな点を質問する：発表者の意図や考えをうやむやにしておくことは失礼です。わからない点を質問することは、敬意を表すことです。

③ よかった点を褒める：ただし、お世辞や思っていないことは言わないようにします。相手はそれを感じ取ってしまいます。相手の自信やモチベーションを高めます。

④ 質問の形で改善を示唆する：声量が小さい発表者に「大きな声を出しましょう」と言っても効果がないことが多いです。そこで、「発表した後の気持ちや理由を教えてください」と聞いて、発表方法を見直すきっかけを作ります。発表者が自分の発表について、主体的に考えることを大切にします。
⑤ 愛を込めたメッセージを送る：相手に感謝や尊敬の気持ちを伝えます。メッセージは短いものを本心から言います。

4. 生徒の感想

実際に「大切な友だち」を体験した生徒は上の②〜④について次の感想を述べています。

②：「自分の中で誤解していることがあるので、それを打ち明けると、すっきりします。発表を完全理解するためにしなければならないと思いました。私は自発的に話すのが苦手なので、良い経験になりました。」

③：「良い点を褒めることは、相手の考えを尊重しているため、相手もより良い気持ちになり、自分自身も人の意見の良い点を見つけようとする力を養えます。」

④：「ストレートに言われると、否定されているように感じます。質問の形で伝えると、相手に気づきを与えられるし、関係も良くなると思います。」

5. 足りていないからこその挑戦で社会的エージェントに

「大切な友だち」を行ってみると良い反応を得ることが多いにもかかわらず、ためらう教員は多いかもしれません。理由には、「生徒の参加意識やモチベーションが低い」「コミュニケーション能力や批判的思考力が不足している」「同じようなメンバーでは新しい視点やアイディアが出ない」と教員が思うことが挙げられます。

事前に自己肯定感を高めるアイスブレイク活動を行います。自由な発言を受け入れ、心理的安全性を高められます。アイスブレイクには、compliments（相手を見て褒め、褒められたら感謝する）、gratitude（最近起こった良いことや感謝していることを話し、聞き手は話し手に積極的に共感する）、three good things（自分について3つの良いことを言い、聞き手は肯定的に反応する）などがあります。

このような準備の上で、「大切な友だち」活動の意義を明確にし、共有します。是非、足りていないからこそ一歩踏み出しましょう。慣れてくると英語で応答もできるようになります。フィードバックを与えたり受け取ったりすることは重要なライフスキルです。自律的学習者であることから社会的エージェントであること（高橋、2021）に繋がります。

II 求められる英語授業実践の充実のために：CLIL、ICT、UDL、PBL

CLIL、ICT、UDL、PBLとは？　なぜ必要か？　何が必要か？

1. 求められる英語授業実践の充実のためのCLIL、ICT、UDL、PBL

　本書では「主体的・対話的で深い学び」を生徒が達成するために、CLIL、ICT、UDL及び『中学編』にはなかったPBLを授業実践で活用することを提案します。この Ⅱ では、それぞれを説明して、それらを授業実践で活用するための基礎・基本をTIP（秘訣）で提案します。

　まずはCLILについての説明です。CLILとはContent and Language Integrated Learningの略語で、言語学習と教科学習をバランスよく取り入れ、学習者のコミュニケーション能力を高めることを目的として、従来のコミュニケーション重視の言語指導法（Communicative Language Teaching：CLT）と内容重視の言語指導法（Content Based Instruction：CBI）を発展させた指導方法です（笹島、2020）。CLILは言語活動を通して内容（content）の獲得と向上、及びlanguage（言語）の向上を同時にめざします。また、学習プロセスを通じて高次思考能力の育成も目標としています。CLIL授業を設計する上での中心的なフレームワークとして「4つのC（4Cs）」（Coyle、2008；Coyle et al.、2010）が挙げられます。Content（内容）、cognition（思考と学習の工夫）、communication（言語）、culture（文化の多様性の理解と対応能力）のこれらの4つのCでは、言語（母語や対象言語）を使用して思考しながら、科目内容やテーマについての知識が増強されるような授業構成モデルを示しています。教師は、教室内で行う活動ではそれぞれの段階で、それぞれのCに対応した活動を行い、それを評価する必要があります。CLILの観点をもって立案された授業は、生徒は単に英語を聞いたり、読んだり、話したり、書いたりするだけでなく、英語をツールとして思考能力を高めながら他教科の知識を増強することが期待されます。

　ICT（Information and Communication Technology）については、高等学校学習指導要領では「生徒が身に付けるべき資質・能力や生徒の実態，教材の内容などに応じて，視聴覚教材やコンピュータ，情報通信ネットワーク，教育機器などを有効活用し，生徒の興味・関心をより高めるとともに，英語による情報の発信に慣れさせるために，キーボードを使って英文を入力するなどの活動を効果的に取り入れることにより，指導の効率化や言語活動の更なる充実を図るようにすること」となっています。つまり具体的な例としては、「生徒がキーボード入力して、英語で書いた内容をオンラインで投稿して読み合い、意見や感想を伝え合ったりできる」「実際のニュースやレポートなど、生の外国語に触れられる」などになると考えられます。また、キーボード入力のみならず、本書では音声入力も大切であると捉えていますし、 Ⅳ のStage 2では、機器の準備や研修の重要性をTIPとして強くお伝えしたい場合でも、これを前

提として、それ以外のTIPを提示させていただいている場合もあります。

次はUDL（Universal Design for Learning）です。「ユニバーサルデザイン」は、1980年代にロナルド・メイス氏によって提案されたすべての人のためのデザインという意味です。ユニバーサルデザインを意識した製品や建物、空間は、障壁が事前に予測され、設計段階でバリアがない状態にすることとしています。グローバル化と多様化が進む社会において、すべてのユーザーを想定した観点は、一層求められています。学校現場においても、生徒のものの見方・考え方は多様化しており、何がわかりやすいかは、生徒によって異なります。従来のように全員に同じことを求めたり、強く求めたりするのではなく、支援者となる教員が、生徒のニーズに合わせた多様な学びの選択肢を準備し、それらを適宜使いこなす柔軟性が必要です。この視点が、まさに学びのユニバーサルデザインであり、これからを生きる生徒の自立に繋がります。

最後はPBLです。プロジェクト型学習（Project-Based Learning）は探究的な学び方の一つで、主にグループで現実世界に深く関連したプロジェクトに生徒たちが取り組むことを支援する教育手法です。プロジェクトの遂行には、仲間と協力してプロジェクトの向こう側にいる相手のことを思いめぐらすこと、そしてその相手にとって価値あるものにするための試行錯誤をすること、及びプロジェクトの成果を周囲に届くように伝えるプロセスが含まれます。このような中で、白井（2020）に示されている3つの力（1. 新たな価値を創造する力、2. 責任ある行動をとる力、3. 対立やジレンマに対処する力）が養われていきます。PBLにおいては、プロジェクトに取り組むことを通じて、中学段階で培った英語の力をより統合的・実践的に伸ばしていく機会を得られます。これによって高校段階の目標である総合的な英語力の向上が期待されます。

2. CLIL、ICT、UDL、PBLのTIPs

CLIL、ICT、UDL及びPBLの知見を授業に活用すると多くの利点が期待できます。以下に、それぞれの専門家が基本的なTIPsを示しました。

(1) CLILのTIPs
1. 各単元で評価する言語（language）と内容（content）をまとめておきましょう。
2. 各学年で習熟度に合わせてどのように思考（cognition）してどのような成果を評価するかを決めておきましょう。
3. 各学年で習熟度に合わせて言語材料やcommunication taskの難易度を調整しましょう。
4. 一つの単元で扱う内容（content）は必ずしも1教科にのみ関連するとは限りません。環境問題や社会問題は理科科目や公民科目とも関連していることなどに意識しましょう。

5. やり取りはコミュニケーション能力（communication / culture）の重要な部分です。質問や意見交換など様々な形式のやり取りを授業へ織り込みましょう。
6. 内容理解が適切に行われるように、専門的な用語や知識が扱われるリスニング素材やリーディング素材は、導入時には、簡単な英語や場合によっては日本語で補足しましょう。
7. 特に内容（content）が難しい場合には、説明する英語が難しくなることがあるので、使用する語句や文は、生徒の既習事項と照らし合わせながら難易度を調整しましょう。
8. 発表活動の後には、その内容のまとめタスクを課すなど、指導過程では複数の領域を統合することを意識しましょう。
9. 内容（content）面について、未習か既習か、正しい内容かを、他教科の同僚などに確認しましょう。

(2) ICT の TIPs
1. 外国語科（英語）の年間指導計画をデジタル化しましょう。
2. 使用予定のデジタル教材をパソコンやタブレットなどにインストールしましょう（できるだけ実際のニュースやレポートを入れましょう）。
3. 外国語科（英語）主任や ALT だけでなく、外国語教育に携わる教職員全員で協力して教材を作成しましょう（意見や感想をできるだけ伝えあう活動を入れましょう）。
4. 教材や生徒の発表データなどは教員間で保存・蓄積して、共有・再利用できるようにしましょう（生徒も自分たちでデータを保存できるようにしましょう）。
5. アナログとの併用も含め、デジタルの教材教具をどの場面でどのように使用するか（一斉・協働・個別）を計画しましょう。
6. デジタル教材を生徒が効果的に使える（一斉・協働・個別）ように計画を立てましょう（生徒の使う機器の管理なども含む）。
7. 特に自己学習用にデジタル教材を生徒が効果的に使えるように準備しましょう（動画コンテンツなど）。
8. 使用教室に実物投影機や大型提示装置等を設備して、効果的に機器を使い分けましょう。
9. 情報セキュリティや個人情報、著作権の取り扱いの指針を教職員及び生徒に示しましょう。
10. 教材や教具の有効な使い方等の情報交換を教職員どうしで、気軽に実施しましょう。
11. 「新学習指導要領に対応した外国語活動及び外国語科の授業実践事例映像資料」などを使って校内研修を定期的に実施しましょう（「高等学校版 新学習指導要領に対応した外国語活動及び外国語科の授業実践事例映像資料」（文部科学省）（https://www.mext.go.jp/a_

menu/kokusai/gaikokugo/1322194.htm))。

12. 児童生徒の実態に合わせて年間指導計画の見直しや修正を毎年しましょう。
13. 「ICTにふりまわされない」「いつもちょっとトラブル」の認識を共有しましょう。

＊以下の資料が参考になります：

・文部科学省　『教員のICT活用指導力チェックリスト』（改訂版）
・文部科学省　『外国語の指導におけるICTの活用について』教室やグループに1台ではなく、1人1台の端末が整備されることにより期待される4技能別のメリットが示されています。それにもとづいたTIPsは以下の通りです。

聞くこと
1. 音声の速度を変えたり、繰り返し再生したりするなどの個別の支援を児童生徒が活用することができるようにしましょう。
2. 児童生徒の興味・関心や、学んだ内容に関連のある実際の音声を教材として使用することができるようにしましょう。

読むこと
3. 調べ学習等の場面で、インターネット上の多様な情報を外国語で検索したり収集したりすることができるようにしましょう。
4. 児童生徒の興味・関心や、学んだ内容に関連のある資料を教材として使用することができるようにしましょう。

話すこと
5. インターネットを利用して、児童生徒一人ひとりが遠隔地や海外の人たちと個別に会話することができるようにしましょう。
6. 外国語を話す場面を録音・録画し、活動を振り返ったり繰り返したりすることができるほか、教員が評価に活用することができるようにしましょう。

書くこと
7. ネットワーク環境を利用して児童生徒が各自作成した成果物を瞬時に共有・蓄積できるようにしましょう。
8. インターネット上の文章添削ツール等を利用することで、生徒が自分の書いたものを修正することができるようにしましょう。

全体として
9. 遠隔地や海外の学校等と交流することにより、多様な英語や異文化に触れることができるようにしましょう。
10. 電子メールやSNSを用いて、読んだり書いたりしながら、実践的なやり取りをすることができるようにしましょう。

11. ICTを活用してプレゼンテーションやディスカッションの準備をしたり、動画などを作成・共有したりすることができるようにしましょう。

(3) UDLのTIPs

〈情報の提示について〉

1. 生徒の知識、言語力、集中度合い等に依存しない資料提示を心がけましょう。
   ・音声情報を含め、多感覚で生徒に必要な情報が効果的に伝わるような工夫

〈アウトプット活動について〉

2. 生徒の実態に合わせ、多様なアウトプットの方法を提示しましょう。
   ・口頭発表やポスター発表、スライド利用発表等、生徒が得意なアウトプット活動を選択

〈学習計画 Planning〉

3. 育てたい生徒像を共通認識し、教科の目標を具現化しましょう。
4. 授業内容の年間計画、学期計画を立て、当該担当者と共有しましょう。
5. 目標は、短期・中期・長期に分類し、繋がりをもたせましょう。

〈学習環境 Learning Environment〉

6. 校内全体の学習環境を整えましょう。
7. "すべての生徒にわかりやすく、すべての生徒が参加できる"を心がけましょう。
8. 配付するプリントのフォントや図の配置、生徒に提示する情報量を調整しましょう。

〈授業内容 Curriculum〉

9. 生徒の実態に合わせ、授業内容を精選しましょう。
10. 個の学びの尊重と協働を考え、授業を設計しましょう。

(4) PBLのTIPs

〈プロジェクトを始めるためのTIPs〉

1. 教員以外との関わりを得て、生徒が思わず本気になるような成果発表の場を設けましょう。
2. プロジェクトの中間発表やリハーサルの機会を設け、試行錯誤を奨励しましょう。
3. 生徒どうしで建設的な批評ができる心理的に安全な空間を作りましょう。
4. ICTは大きな味方！常に活用の可能性にアンテナを張っておきましょう。

5. 最初から欲張らず、ちょっとだけ無理する規模で始めましょう。

〈プロジェクトの計画段階のTIPs〉
6. プロジェクト中に思わず考え続けてしまう本質的な問いを設定しましょう。
7. プロジェクトはあなたの情熱とワクワク感を起点にしてオリジナルで設計しましょう。合言葉はTeach to your passion!（Teach to your passion!はPatton & Robin（2012）を参考にしています）。
8. プロジェクトの成果物が、実際に他の人に価値のあるものとなるように設計しましょう。
9. プロジェクトの計画を立てる際には、1人ではなくチーム（できれば他教科の教員も一緒に）で行いましょう。
10. 見通しは重要！プロジェクト開始前に教員自らが成果物のデモ作品を作りましょう。
11. 最終的な成果物だけではなく、評価のポイントを複数設定しておきましょう。

〈プロジェクトを実施する際のTIPs〉
12. 予想通りにいかないものなので、プロジェクトの進行計画は綿密に立てつつも、生徒の進捗に合わせて柔軟に調整する姿勢を持ちましょう。
13. プロジェクト中は「管理＜見守り」のスタンスで生徒と関わりましょう（生徒が騒がしくならない、別のことをしない、全員同じようなペースで進むなどと生徒を管理することに注力するといった一斉型授業でよくみられるようなスタンスではなく、ある程度自由にやらせてみるというスタンスで関わった方がよいという意味です）。
14. 生徒とこまめな面談の機会を設けて、方向性がずれていないかを確認しましょう。
15. リフレクションの時間を十分にとりましょう。
○PBLのTIPsをより深く理解するために、Patton & Robin（2012）がたいへん参考になります。

3. TIPsの活用に向けて

　以上に提案した、今、求められている英語授業実践をより充実させるためのCLIL、ICT、UDL及びPBLのTIPsを念頭に、生徒の実態をよく考慮して、授業を立案して実践することで、よりすぐれた「主体的・対話的な深い学び」になると思います。授業を変えるのは教師です。CLIL、ICT、UDL及びPBLのTIPsをうまく使えば授業を変えることができます。なお、ⅣのStage 1の授業提案に続くStage 2とStage 3の**CLIL×ICT×UDL×PBL**では、専門家が、それぞれの立場から、各授業提案者との対話形式で、授業を振り返ります。CLIL、ICT、UDL、及びPBLがどのように取り扱われているか、またはどのように取り扱うべきかについて議論します。かなり読みごたえがあること必定です、期待してください。なお、その対話に

は Ⅱ にはないTIPが提案されることもあります。

III 生徒が主体的に行うミニ即興ディベート

> 「責任の移行モデル」で自律した学びを成立させよう

　5回のミニ即興ディベートで批判的思考力と表現力を鍛えます。生徒が肯定側、否定側だけでなく、ジャッジ（審判）も行い、完全自走をめざします。思考力事前事後調査とルーブリックでの振り返りで観点別評価を行います。調査用紙、座席表、試合用シート、ジャッジシート、ルーブリック等の資料（以下、資料）をhttps://tinyurl.com/2j278j8kからダウンロードできます。

1. 思考力・判断力・表現力
　『高等学校学習指導要領（平成30年告示）』での「思考力・判断力・表現力」に関わる目標に、情報や考えなどの「概要、要点、詳細」、話し手や書き手の「意図」を理解し、これらを活用し、やり取りする力を養うこと（第8節　外国語　第1款　目標（2））があります。目標達成のため、2年生2学期にディベートを行うようにカリキュラム編成するとよいでしょう。各学校のCAN-DOリストを参照し、「英語コミュニケーション」「論理・表現」の単元の関わりを考慮し、5つの論題をあらかじめ設定します。

2. ミニ即興ディベート形式
　論題（Motion）に関して、賛成の政府（2名）と反対の野党（2名）が審判（1名）を説得します。生徒は、自律した集団として取り組み、ジャッジも担当します。進行は次の通りです。

【準備10分】論題発表後、ディベーターは意見作成を、ジャッジは試合予想をします。
【試合7分】
　政府の意見発表（1分）→ 野党の質問（1分）：政府の意見確認と反論準備が目的です。
　野党の意見発表（1分）→ 政府の質問（1分）：野党の意見確認と反論準備が目的です。
　政府の反論（1分30秒）：野党の意見要約（約30秒）と反論（約1分）が必要です。
　野党の反論（1分30秒）：政府の意見要約（約30秒）と反論（約1分）が必要です。
【判定4分】ジャッジは3分で理由を明確にして勝敗を決め、結果を1分で発表します。
　準備から結果発表まで計21分ですが、席移動、発表者交代等の時間が必要です。

3. 全5回のセッションの実施方法

　40名のクラスを2つの20名のブロックにし、チーム編成します。図Ⅲ-1は出席番号1～20のもので、Session 1では、番号1、2が政府、3、4が野党、5がジャッジです（座席表は資料より入手可）。同時に4試合が行われます。Session 2では、審判だった番号5が政府、政府だった番号2が審判などと役割を変えていきます。5試合でジャッジ1回、政府2回、野党2回を経験できます。「誰とでも協力できる」ことを目標にし、メンバーは毎回変えます。ディベーターが欠員なら、1人で第1、第2スピーカーを兼ねます。ジャッジが欠員なら教員が審査します。もう一つのブロック（出席番号21～40）は番号に20を加え、後は同じ要領です。

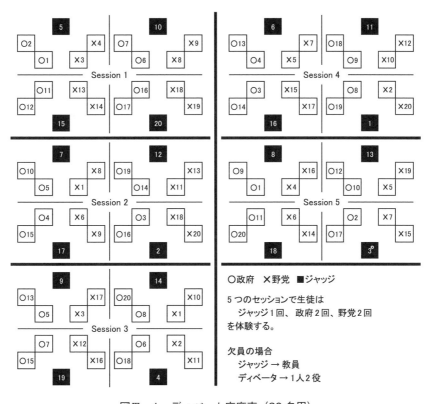

図Ⅲ-1　ディベート座席表（20名用）

　全5回のセッションを次の5コマで実施します。テーマに関わる語彙指導は必要な場合に行います。Fisher & Frey（2013）の「責任の移行モデル」の展開です。教師から生徒へ「学びの責任」を徐々に移行させ、生徒の自律性や能動性を高めます。

【第1時】批判的思考力事前調査（資料より入手可）を行い、ディベートの目的を確認し、生徒の積極的な参加を促す。直近の定期考査では、新規の論題での意見を読み、要約して反論するライティングが出題されると伝える。中川（2017）を参考に筆者が作成したスピーチシート（SS）を完成させ、音読練習を行う。教員は丁寧にガイドする。

【第2時】SSを復習する。ルーブリックを提示し、各役割を確認する。第1試合を行う。担当した役の規準・基準を参照し、自由記述で振り返りを提出する。

【第3時】改善に役立つ振り返りを紹介し、第2試合を行い、自由記述で振り返る。

【第4時】振り返りの紹介を短くする。円滑に第3、4試合を自律した集団として完全自走する。時間が許せば自由記述で振り返る。

【第5時】最後の第5試合を行う。これで全員がすべての役を体験したことになる。ルーブリック（参照：6. ルーブリックでの自己評価と定期考査でのライティング課題）で振り返りを行い、批判的思考力事後調査をする。

4. 実際のディベート授業

　第1時のSSの使用法練習を実況中継で再現します。中継その1は、政府意見の作り方、練習、相手への質問、中継その2は反論です。教員は説明し、生徒はSSを完成していきます。同じ要領で、立場を変えてできるものは解説と完成したSSのみを掲載しています。

(1) 実況中継　その1　政府意見の作り方と相手への質問

① 1人でブレインストーミング（3分）

　「部活に入るのはよい」という論題で、ディベートをしてみましょう。まず、政府の意見を一緒に考えます。ブレインストーミング・シートのMotionにJoining a school sports team is good. と書きます。

　次に、3分で肯定意見を1人で左に記入します。〈生徒の考える時間をとる〉考え方のヒントです。「誰にとって」「どんな利点」「具体例」と考えてみましょう。〈生徒の書き込みを見て〉例えば、「部員にとって」「チームワーク」「ラグビーの "one for all, all for one"」はどうでしょうか。違う観点にするには、「誰」を「何のために」にして考えてください。〈生徒の書き込みを見て〉「文武両道」「時間管理」「先輩の例」が出揃いましたね。

② 2人で英語のキーワード（7分）　（以降〈生徒の考える時間〉は適宜とります）

　隣の人とチームで、強い論点を1つ決めます。ここでは「チームワーク」を選択してみましょう。次は、右のSignpost（標識）、Point（主張）、Reason（理由）、Example（具体例）、Impact（重要性）に合わせて、英語にしていきます。標識は最大5～6語の名詞で、主張、理由、具体例は句、文で表現します。最後の重要性は、印象に残る名言やことわざが出てくるとしめたものです。時間は7分です。実はこの話の流れはPREP法を用いています（Point（主張）、Reason（理由）、Example（具体例）、Point（主張）の頭文字をとったものです）。PREP法は、相手の論点のまとめと反論にも使っていきましょう。

Ⅲ　生徒が主体的に行うミニ即興ディベート　21

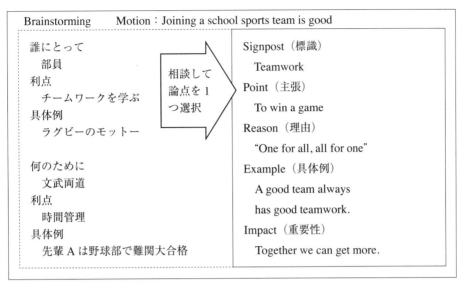

図Ⅲ-2　ブレインストーミング・シート

③SSの完成（1分）

次は、ブレインストーミングの内容をSSの□□□□□に流し込んでいきます。結論の出だしのFor this reason,、This is why ...、Therefore, は1つを選んでください。

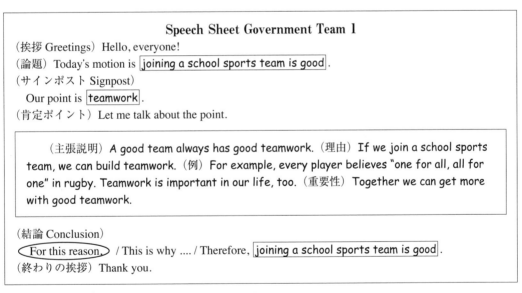

図Ⅲ-3　政府スピーチシート

④練習

さあ、これでSSが完成しました。政府の第1スピーカーは、これをもとに、発表します。先生の後について音読しましょう。主張説明→理由→例→重要性を意識して声を出しま

しょう。では、Hello, everyone! から始めましょう。〈リッスン＆リピートに続き、リード＆ルックアップ、同時読み等で完成後の音読練習を徹底します。〉

⑤ 野党の質問（1分）

次は野党からの質問です。政府の意見を聞きながら、質問シートの主張、説明、理由、具体例のメモをとります。聞き損なった箇所を、左の欄にある What was the point? などの Questions で確認します。本番で時間が余れば、右に反論のポイントをメモします。では、ペアになって、確認質問の練習をしましょう。一方が相手に質問をしてみましょう。

Questions	相手の論点を確認する	反論の作戦を考える
What was the point?	主張 Teamwork	Their point is (totally wrong/not important).
Tell us more about the point.	説明 Good Team = Good Teamwork	
Why is the point important?	理由 Joining → Teamwork	
What example did you give?	具体例 One ⇔ All	

図Ⅲ-4　質問シート

(2) 解説　その1　野党意見と政府からの質問

同じ要領で立場を変えて、ブレインストーミングを経て完成した SS を示します。

Speech Sheet Opposition 1

　Hello, everyone! We don't believe joining a school sports team is good.
　Our point is school subjects. Let me talk about the point. It is hard to keep up with schoolwork when students play team sports. Practices, meetings, matches, and tournaments take away much of their study time. For example, a lot of students stop being in their teams because they can't get good grades. Getting good grades is more important than getting good positions in school sports teams.
　This is why we don't believe joining a school sports team is good. Thank you.

図Ⅲ-5　野党スピーチシート1

ここで、今度は政府の質問時間をとります。やり方は野党と同じですので省略します。

(3) 授業の実況中継　その2　野党の反論
① 政府の意見要約（約 30 秒）

反論の前に、相手の意見を約 30 秒でまとめます。主張は「主語＋動詞」の文で言います。理由は、That is because に続けます。例は、For example, から始めます。

② 反論（約 1 分）

反論は、約 1 分で行います。「完全否定する（totally wrong）」か、「重要でない（not important）」かを決めます。どちらの立場でも同じスコアです。後は、主張、理由、具体例、重要性の流れに沿っていきます。SS の空欄を埋めていきましょう。

Speech Sheet　Opposition 2

（挨拶）Hello, everyone!
（否定側の方針確認）We don't believe that joining a school sports team is good.
（政府ポイントのまとめ）Let me summarize the government team's point.
　They said
　（主張 S + V）students can build up teamwork. （理由）That is because good teams have good teamwork. （例）They talked about "one for all, all for one".
（反論）Let me rebut what the other team said.
　Their point is (totally wrong) / not important.

> 　（主張）Some strong teams do anything to win games. （理由）They are thinking too much about winning. （例）For example, they use bad languages and rude (impolite) words toward other teams. They sometimes play dirty. （重要性）They believe that winning is more important than teamwork in games.

（Conclusion 結論）(For this reason,) / This is why …. / Therefore, we don't believe joining a school sports team is good.
（終わりの挨拶）Thank you.

図Ⅲ-6　野党スピーチシート2

(4) 解説　その2　政府反論

政府の反論です。やり方は、野党の反論と同じですので省略します。次は完成版の原稿です。

> **Speech Sheet Government Team 2**
>
> Hello, everyone! We believe that joining a school sports team is good.
> Let me summarize what the other team said. They said school subjects are
> more important than school sports teams. That is because playing sports is a waste of time. They talked about the students who gave up doing sports due to bad grades.
> Let me rebut what the other team said. Their point is totally wrong. Sports
> can make students stronger. Some players train to become not only physically but also mentally stronger. They stay healthy and don't get sick. Health is more precious than wealth.
> Therefore, joining a school sports team is good. Thank you.

図Ⅲ-7　政府スピーチシート

5. ジャッジの方法

　ジャッジは2枚のジャッジシートを使用し、1枚目は準備時間中に試合予想をします。試合が始まると2枚目で試合の流れをメモします。＝、〇、×、↓、＞等の記号を使います。

Government		score
Speaker 1	Sho Aiba	
Point	チームワーク	3
Reason	〇チーム＝ 〇チームワーク	3
Example	ラグビー ワン・フォー・オール	3
Time		3
十分3点 不十分2点 極めて不十分1点		12

Opposition		score
Speaker 3	Sara Takahashi	
Summary	チームワークよいチーム ラグビーのモットー	4
Rebut	チームワーク ＜ 勝ち ↓ なんでもする （正対した反論）	4
Time		4
十分4点 不十分3点 極めて不十分1点		12

Government		score
Speaker 4	Miho Hirano	
Summary	学生→勉強 クラブ 時間の無駄	4
Rebut	肉体｝ 精神｝強さ 健康↑	2
Time		4
十分3点 不十分2点 極めて不十分1点		10
	Total	22

Opposition		score
Speaker 2	Ayumu Takagi	
Point	勉強	3
Reason	クラブ→ 勉強ついていけない	3
Example	× 学業 ↓ × クラブ	3
Time		3
十分3点 不十分2点 極めて不十分1点		12
	Total	24

異なる論点での反論　精神的に強くなり、「学業に活かせる」とすべきだった。

図Ⅲ-8　ジャッジシート

　スコアは、意見は3点×4＝12点、反論は4点×3＝12点です。ジャッジシートは、左上のSpeaker 1から右下のSpeaker 2、右上のSpeaker 3から左下のSpeaker 4の順です。縦に合計すると政府、否定チームの合計スコアが算出されます。

　結果発表は、最初に合計スコアと勝敗を発表し、次のように行います。

> *最初に勝敗を発表します。22点対24点で野党の勝ちです。*政府は、チームワークの重要性を*訴えました*。チームワークが良いと、チームの成績も良くなる*という理由*と、ラグビーの「ワン・フォー・オール」の精神*を例に挙げました。一方、野党*は、勉強が最優先だと*主張しました*。クラブ活動は時間の無駄だと*いう理由*と、成績が下がってクラブを辞めた生徒の*例を紹介*しました。両チームとも、*主張、理由、例をはっきりと伝え、時間配分も適切*でした。
> *次に、反論*についてです。政府も野党も論点のまとめ（サマリー）は十分でした。野党は、チームワークよりも勝ち負けにこだわることになり、フェアプレーに反する場合もあると*指摘しました。これは有効な反論*でした。政府は、クラブ活動は体力、精神力、健康に良いと述べましたが、これは野党の「勉強との両立」*に対する反論としては弱いものでした。*そのため、反論の得点は4点中2点でした。この差が勝敗を分けました。
> 最後に、両チームはお互いの健闘を称え、握手をしてください。
>
> （下線部斜字体は利用しやすい表現）

6. ルーブリックでの自己評価と定期考査でのライティング課題

スコア		上級　3点	中級	初級
準備		スピーチシートを完成できる	初中級は紙幅制限のため省略	
意見		聴衆とジャッジを引き込める		
QA		優位に立つための質問ができる		
サマリー		時間を有効に用い PREP でまとめられる		
反論		完全か部分否定か判断し、同じ土俵で反論できる		
審査	予想	両サイドの意見と反論		
	判定	結果を説明できる		
協力		誰とでも協力できる		

図Ⅲ-9　ディベートルーブリック

　ルーブリックは「準備、意見、QA、サマリー、反論、審査（予想と判定）、協力」の7つの規準と「初級、中級、上級」の3つの基準です（資料より入手可）。各セッションでは、このルーブリックにある担当した役の規準と基準を参照し、B6サイズの別紙に自由記述で振り返りを行い、教員に提出します。次のセッションで、試合改善に役立つ振り返りを紹介し、形成的評価を行います。すべての役を体験後に、このルーブリックで自己評価を行います。

　定期考査はライティングにします。新しい意見を読み、要約し、反論を書く課題です。ルーブリックで簡便に点数化します。例えば、「要約、反論、言語」の3規準と「平均以下、平均、平均以上」の3基準です。この出題方式は第1時に伝え、生徒個人の主体性を高めます。

実際の授業での展開例

Stage 1

科目	4技能の目標	教科書	授業者
1. 英語コミュニケーションⅠ	「読むこと」イ	東京書籍 Power On English Communication I	阿部慎太郎
2. 英語コミュニケーションⅠ	「話すこと［やり取り］」イ	三省堂 MY WAY English Communication I	鈴木　啓
3. 論理・表現Ⅰ	「話すこと［やり取り］」イ	新興出版社啓林館 Standard Vision Quest English Logic and Expression I	鈴木　優子
4. 論理・表現Ⅰ	「書くこと」ア	数研出版 EARTHRISE English Logic and Expression I Advanced	岩瀬　俊介
5. 英語コミュニケーションⅡ	「読むこと」イ	数研出版 BIG DIPPER English Communication II	堀尾　美央
6. 論理・表現Ⅱ	「話すこと［やり取り］」イ	三省堂 MY WAY Logic and Expression II	芹澤　和彦
7. 英語コミュニケーションⅢ	「聞くこと」イ	数研出版 BLUE MARBLE English Communication III	前田　秋輔
8. 論理・表現Ⅲ	「話すこと［発表］」イ	新興出版社啓林館 Vision Quest English Logic and Expression III	松山　知紘

Stage 2

　　CLIL：谷野圭亮、ICT：米田謙三、UDL：森田琢也、PBL：藤澤佑介

Stage 3

　　高橋昌由

1	英語コミュニケーション I	「読むこと」イ
阿部慎太郎	東京書籍 Power On English Communication I, Lesson 2	

> 内容中心の言語活動から言語形式に関心を向けることを念頭に置くことで、気づき豊かに授業デザインしていきます。また、学習内容がより記憶に残りやすいように、細かな仕掛けを多く準備して授業を行うように心がけます。

Stage 1.「主体的・対話的で深い学び」の授業案

1. 単元目標

　光を発する生物について、また、その生物がどのように医療に貢献してきたのかについて、聞いたり読んだりして理解することができる。さらに、聞いたり読んだりして得た情報を英語で説明することができる。

> Firefly squid flash light when they distract predators.
> Fireflies fly near rivers on early summer nights in the Japanese countryside. They have appeared in Japanese poems and songs for centuries. They turn their lights on and off when they look for mates.
> Anglerfish live in the deep dark sea. They flash light when they look for food. The light attracts small fish.
> In these ways, light is used for different purposes.

［東京書籍 Power On English Communication I（R4 年度）］

2. 単元の指導計画 全 5 回

第 1 時	Lesson 2 の導入、Part 1 の内容理解とリテリング	
第 2 時（本時）	Part 2 の内容理解とリテリング	Part 1 〜 3 の単語シートでの帯活動
第 3 時	Part 3 の内容理解とリテリング	
第 4 時	Part 1 〜 3 の読解、Part 1 〜 3 の音読とシャドーイング	
第 5 時	Lesson 2 全体のまとめ	

3. 教材観・生徒観・指導観

(1) 教材観

　Part 1 で「他にもこのように光を放つ生物はいるのでしょうか」という問いが示され、Part 2 でその答えのホタルイカ、ホタル、チョウチンアンコウが説明されています。言語材料は、現在完了形、受け身と語順を対象としていて、リテリング（読んだ話を自分の言葉で話す活動。再話）を通して自らその定着を点検し、再学習することができる教材です。

(2) 生徒観

　入学後1か月前後の生徒たちは新たな環境に不安を抱えています。インプット活動に加え、アウトプット活動の充実は「使える知識」の強化に不可欠であるため、活動に夢中になれるような配慮や、アウトプットの重要性を伝え続けることが重要な時期です。

(3) 指導観

　内容重視から形式重視への流れと、テストの要素を含む活動（特に何かを思い出そうとする活動）が記憶の定着を高めるというテスト効果（中田、2019）及び繰り返しを重視した記憶に残りやすい授業の組み立てで、下記のように指導して、成果を上げています。

①内容重視から形式重視へ

　内容重視では、理解したい内容や伝えたい内容に注意します。生徒には「まずはだいたいの内容がわかれば十分」と伝え、主な内容を理解することとします。形式重視では、アウトプットを通して、文構造や文法へ注意を向けることで、形式の理解をめざします。アウトプットを通して得た気づきを形式の理解に繋げるにはフィードバックが必要ですが、全生徒に個別対応することは困難なので、「本文がフィードバックを担当する」、つまり、本文読解後に本文をリテリングすることによりアウトプットすることで再度本文を「読み」、本文からフィードバックを得ることを基本とします。「内容重視のインプット」が「内容重視のアウトプット」に繋がり、再度本文を読み、「形式重視のインプット」をするという道筋です（図Ⅳ-1）。

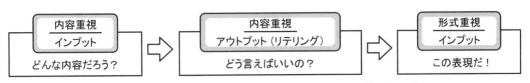

図Ⅳ-1　インプットとアウトプット、内容重視と形式重視の組み合わせ

　また、いざリテリングに挑戦してみると、なかなか英語が出てきません。このような「知っているのに使えない」ということに対する気づきが重要です。自ら文を組み立てることで、基

本的事項を含むすべての既習事項の習熟が確認できることから、リテリングは「使える知識」の強化に適した活動といえます。

②テスト効果と繰り返しを重視した記憶に残りやすい授業の組み立て

　テスト効果を期待して、テストの要素を含む活動を何度も設定し、記憶に残りやすい授業をめざします。また、単語シートでの学習は毎回の授業で行います。

4. 本時の目標

　生き物の発光目的に関する話題について、使用される語句や文、情報量などにおいて、多くの支援を活用すれば、必要な情報を読み取り、概要や要点を目的に応じて捉えることができる。

5. 本時の評価規準

A　知識・技能	B　思考・判断・表現	C　主体的に学習に取り組む態度
〈知識〉 文章を読みとるために必要な語彙や表現を理解している。 〈技能〉 生き物の発光目的について書かれた説明文を読んで、必要な情報を読みとり、概要や要点を捉える技能を身に付けている。	発光する生き物について他者に伝えるために、生き物の発光目的について書かれた説明文を読んで、必要な情報を読みとり、概要や要点を捉えている。	発光する生き物について他者に伝えるために、生き物の発光目的について書かれた説明文を読んで、必要な情報を読みとり、概要や要点を捉えようとしている。

6. 本時の展開 ― 英語コミュニケーションⅠ／「読むこと」イ ―

> 単語シートでの活動 → スキーマの活性化（推測リテリング） → 必要な情報を読み取る → 概要を捉える → リテリング → 要点を捉える → リテリング → 書くリテリング

学習過程	生徒の活動、教師の指導と指導上の留意点
導入 8分	(1) 本時の目標の提示 T：今年の夏に本校を訪問してくれるアメリカの高校生に、日本の英語の授業で学んでいることを伝えるために、firefly squid、fireflies、anglerfish について、"Why do these three creatures use light?" の問いとその答えをメールで送りましょう。そのために今日はしっかり読んで、そのメールを書きます。
単語シート	(2) 単語シートでの活動 　第1時に単語シートを配付します。本単元全体から語彙を選び、アウトプット可能な語彙力の強化を目標とするので、「日 → 英」の順で提示します。テスト効果を意識した学習を帯活動で行います（生徒はすでに第1時の授業で、本単元全体の重要語彙を学習済みで、「見たことあるぞ…」という段階にあります）。 **Part 1** | 地元の | local | These lights are loved by the **local** people. | | しるし | sign | They are a **sign** of spring. | | イカ | squid | How do the **squid** give off the light? | **Part 2** | の注意をそらす | distract | They **distract predators**. | | 捕食者 | predator | | | 田舎 | countryside | Fireflies fly in the Japanese **countryside**. | 単語シート ① "What's this?" Quiz（2〜3分、3問程度）：Part 2 の重要表現のヒントを以下のようにスライドに提示し、わかった生徒から着席します。ヒントは10〜15秒ごとに増やしていきます。 　　[This is an insect. Many people love to see it. It can fly. Its tail flashes.]　　[答えは "firefly" になります。英英辞書の定義などを参考に簡単な構造の文をいくつか用意します。特定の文法項目を含めることも可能です。] ②「テスト的な」活動：スライドに単元全体の重要語彙の日本語訳を示し、生徒が英語で答えます。 ③ 覚え直しの時間（90秒）：発音確認 → 初回の授業で配付済みの単語シートで覚えます。 ④ ペアでテスト（スライドは②と同じものを使用） 　　生徒A：（スライドの日本語訳を見ながら）Firefly! 　　生徒B：（何も見ずに判定）Correct! ／ Incorrect! ⑤ 覚え直しの時間（90秒）（③と同じ）。 ⑥ ペアでテスト：生徒Aは日本語で3問出題し、生徒Bは英語で答えます。役割を交代しながら3セット行います。

		この活動は毎時間行います。「『テスト的な』活動 → 学習 → 『テスト的な』活動」の流れが重要です（テスト効果）。スライドに上からゆっくりと消えていくアニメーションを追加するなどして、ゲーム性のある仕掛けを準備します。
展開1 20分 読むこと スキーマの活性化 推測リテリング		アウトプットを通して、徐々に生徒の注意を内容から文構造や文法へ向けていきます（内容重視から形式重視へ）。 【Pre-Reading】スキーマの活性化 　これ以降、本文予測からリテリングまで、「リテリングシート」を適切に活用し続けて心的負荷を減らします。教科書は支援が少ない印象です。リテリングシートでは、与えすぎるくらいの情報量を与えています。スローラーナーが、「できるかも！」と思える情報量でアウトプットを後押しします。最後まで同じリテリングシートを使用し続けます。 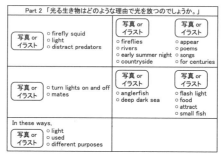 リテリングシート （1）推測リテリング（佐々木、2020） 　リテリングシートのキーワードとイラストから、読解前に内容を予測し、本文の筆者になりきって本文の再現を試みるアウトプット活動です。 　①理解するべき情報の提示（Why do these three creatures use light?） 　②頭の中でリハーサル（60～90秒） 　③ペアとジャンケンし、ジャンケンに勝った生徒から発表（15～60秒） 　内容理解の支援としての日本語使用を認めることも可能ですが、生徒と教材のレベルに応じて、推測リテリングは英語で行うことを原則とします。 （2）リスニングで内容理解＋ペアとシェア 　①リスニング1回（Lesson 2、Part 2 本文） 　②勝った生徒から聞き取った内容を英語で発表（15～60秒） 　③教師からのフィードバック 【While-Reading】本文読解とリテリングを交互に行いながら、本文の理解を深めます。 　目的・場面・状況　アメリカの高校生に3種類の生き物について詳細に書いて伝えられるように、スラッシュリーディングをしながら必要な情報を読み取り、概要を捉えようとしている。
	必要な情報を読み取る	（1）必要な情報を読みとる 　国井・橋本（2019）を参考に作成した「合いの手スラッシュリーディングシート」で必要な情報を読みとるためにスラッシュリーディングをします。時や場所といった詳細情報が後ろに付け加わる英語の語順感覚を養うことができます。また、生徒の内容理解を支援することにも大きく貢献し、スローラーナーを後押しします。

> いつ？
> Firefly squid flash light / when they distract predators.//
> どこで？　　いつ？　　　　　　　どこで？
> Fireflies fly / near rivers / on early summer nights / in the
> 　　　　　　　　　　　　　　　　　　　　　　何に？
> Japanese countryside.// They **have appeared** / in Japanese poems
> どのくらい？　　　　　　　　　　　　　　　　　　　　いつ？
> and songs / **for** centuries.// They turn their lights on and off / when

合いの手スラッシュリーディングシート

概要を捉える	(2) 概要を捉える（読む、1回目）：「内容重視インプット」

① ルールの確認

> ポイント
> ・止まらないで読む…英語の文頭から chunk（固まり）ごとに文を理解することを訓練する。
> ・大まかな理解で OK…細かくすべてを理解しようとすると読み進められず、インプット量が減る可能性がある。また、曖昧さへの耐性をつける。

② 概要を捉えるためのタスク：タイトル選び

> **Which is the correct title?**
> A. Every creature uses light for the same reason.
> B. Each creature uses light for different reasons.
> C. Some creatures use light without any reasons.

③ ペアでタイトルの確認 → 答えの提示

リテリング　(3) リテリング：「内容重視アウトプット」

少々ハードルが高いですが、後の「形式重視」の読解に向けての欠かせないアウトプット活動です。リテリングシートを用いて行います。

> 目的・場面・状況　アメリカの高校生に 3 種類の生き物について詳細に書いて伝えられるように、内容理解や言語形式に着目しながら、読んで伝えるための表現を身に付けるためにリテリングをしている。

① 目標の確認：捉えた概要が最低限伝えられれば合格です。余裕のある生徒はその他の情報も発信し、アウトプット量を増やします。
② 頭の中でリハーサル（90 秒）
③ ルールの確認

> ポイント
> ・止まらないで話す。
> ・単語だけでもよい。
> ・3 秒ルール：3 秒間沈黙した場合、日本語の使用を許可する。

④ ペアでリテリング＋役割を交代（60 秒×2 回）
　　生徒 A：起立してリテリングします。
　　生徒 B：生徒 A が沈黙したらストップウォッチを止めます。
⑤ ペアでフィードバック（必要に応じて）
　　「～が言えなかったぁ」と感想をペアでシェアします。スローラーナーも、ペアの感想を通して気づきを得る可能性は大いにあり、次の読解時に特定の形式に注意が向くように促すことができます。

	単語だけの発話や日本語が混ざっていても、躓きのすべてが気づきです。それらを認め、活動に安心感を持たせます。また、発話時間を計測し、「しゃべらないと座れない！」「何か言わなくちゃ！」と思わせ、活動を活性化させます。多くの情報を発しようとトライし、多くのことに気づく経験ができるように促します。
要点を捉える	(4) 要点を捉える（読む、2回目）：「形式重視インプット」 リテリングを通して、自らの知識の穴に気づいた状態です。もう一度リテリングを行うことを予告し、注意がより強く「形式」へ向くように促します。ただし、形式重視のスタンスはあくまで教師の裏の狙いであり、表面上は1回目の読解同様、内容理解を重視した活動とします。 ① ルールの確認（止まらない、おおまかな理解でよい） ② 要点を捉えるタスク：本文の要約図を示し、読解後に空欄に入る情報が理解できていることを目標とします。 　○　**Each creature uses light** 　○　　　　　　　　　**for different reasons.** 　○　Example ①：Firefly squid 　　　　（　　　　　　　　　　　　） 　○　Example ②：Fireflies 　　　　（　　　　　　　　　　　　） 　○　Example ③：Anglerfish 　○　　　　（　　　　　　　　　　　　） 　○　⇨ Light is used for <u>different purposes</u>. ③ 読む（要点を捉える） ④ ペアで要点の確認 → 答えの提示
リテリング	(5) リテリング：「形式重視アウトプット」 より形式に注意を向け、再度リテリングに挑戦します。進行は1回目と同じです（「形式重視」と言えば、安心感を奪いかねません。形式への注意はあくまで教師の裏の狙いであり、生徒たちに対しては「伝わればいいよ（＝内容重視）」のスタンスは維持します）。「形式重視のインプット」が強化されているかをモニタリングしてください。必要に応じて、適切な支援をしてください。
展開2 20分 書くリテリング	【Post-Reading】「書く」リテリング 書くことで自分の産出した英語が残り、後に本文と比較することで既習事項が強化されます（佐々木、2020）。ここでもリテリングシートを使います（口頭でのリテリング、2回の読解、毎回の重要表現指導で支援しています）。 (1) 「書く」リテリング ① ルールの確認（止まらない、5分で30 wordsを超える） ② 目標の確認（発光する生物とその目的を伝える） ③ 3秒ルールの確認 ここでも「止まらない」を重視します。とっさに英語を書いて基本的なミスをしたとしても、知識の穴に気づくことで強化へと繋がります。目標語数を設定するなど「正確性」の不安から生徒の注意を引き離す工夫が重要です。

	(2) ペアで見直し（90秒×2回）テスト効果を意識しながら
	ペアのリテリングを2人で見直します。何も見ずに既存の知識のみを頼ることで、テスト効果を意識した活動になります。本文と異なる表現も認めていますので、「本文だけが正解ではない」と強調しておきます。
	(3) 個人で見直し　本文がフィードバックを担当する
	多くの生徒が本文の表現をそのまま活用しようとしますので、本文の見直しが有効です。教師は教科書とは異なる表現を用いた生徒を中心に支援します。また、本文と同じ表現に機械的に訂正させるのではなく、なぜ書き直しが必要なのかを考えるように促します。
まとめ 2分	机間指導で把握した頻出ミスを全体で共有し、文法指導します。そこから重要な文法を整理したプリントの用意もできますし、それが定期考査の対策にも使える有益なものとなり、生徒たちのモチベーションの向上にも繋がります。

7. まとめ

「内容重視から形式重視へ」は、アウトプットを通して自らの知識の不足に気づき、その後のインプットで形式に注意を向けるというサイクルの授業デザインをしています。アウトプットからインプットまで繋げることで、アウトプットを増やしながら既習事項を強化できます。また、「テスト効果を意識した記憶に残りやすい授業」は、重要表現の学習、口頭リテリング、「書く」リテリング、その後のペアでの見直し等、複数の活動にテストの要素が含まれるようにし、記憶に残りやすい授業になります。

Stage 2. 英語授業実践でのCLIL、ICT、UDL、PBLの模索

(1) CLIL

谷野：英語の基礎力を高める段階の生徒さんに対して、興味深く取り組みやすいタスクを丁寧に示しておられます。普段の授業で情報の整理などを行う際に、英語とcontent（内容：ここでは、魚などの特徴）をどのように織り交ぜる工夫をしておられますか。

阿部：「英語で学ぶ」という観点は必ず必要だと思いますので、授業で教科書に入る前には関連する内容のスピーキングやライティングを行うようにしています。「アニメ聖地巡礼」を取り扱うLessonの前には"Is Japan a great destination for foreign tourists?"というトピックで活動を行ったこともあります。多くの生徒にとっては、「安全だ」「文化がユニークだ」などの日本の特徴はすぐに頭に浮かぶと思いますが、アニメ聖地巡礼が、外国からの観光客を呼び込む魅力になるという観点を持っている生徒は多くないと思います。「日本について語る際、日本のアニメと聖地巡礼の影響力をみんなの教養に加えましょう」という流れで教科書本文へと移行します。関連するトピックで導入し、生徒た

ちが自らの意見を形成する際の選択肢を増やすために教科書を読むんだ、という位置づけを意識します。

谷野：教科書の内容に入る前に関連トピックで活動を行い、生徒の内容（content）を広げ意見形成を促しておられるのですね。

> TIP：生徒の興味や経験と学習内容を結びつけ、多角的な視点を提示することで、主体的な学びを引き出しましょう。

谷野：阿部先生はリテリングを重視して授業案を立てられていますが、将来的にどのような形のタスクへ移行することを考えられていますか。

阿部：個別のフィードバックの難しさを考え、「本文がフィードバックを与えてくれる」というスタンスをとっているのが今回の授業です。よって、本文を復元するという意味で、story reproductionに近いイメージでもあります。最終的には、Lesson全体を英語でアウトプットできるようにしていくことが理想です。ですから、教科書は2周するべきではないかと考えていますし、無理なく取り組めるレベルの教科書を選定するべきだと思います。また、本文の要約のためには一つひとつの文の役割、そして、それらを表す形式的な特徴についての理解を深める必要があります。同じ素材を複数回用いることで、無理なくそれらのタスクに取り組むことが可能になってくると思います。

谷野：英語コミュニケーションの教科書をアウトプットの場面で使用することを想定する場合には、ご指摘の通り、英文のレベルによる負荷を下げる必要がありますね。

> TIP：適切なレベルの素材に複数回挑戦し、より高度な要約タスクのアウトプットと質の高いインプット活動の相乗効果を狙いましょう。

(2) ICT

米田：今回スピーキング時の生徒のタブレット端末の活用が、効果的に働いているように思いましたがいかがですか。

阿部：生徒一人ひとり、またはペアで端末を使って取り組みをすることを考えました。私がスライドで提示してもよかったのですが「生徒たちが沈黙してしまったら各自で止める」などの仕掛けができませんので。自分たちで活用できていましたね。

米田：この活動の間、阿部先生はどのような動きをされていましたか。

阿部：机間指導でフィードバックを与えています。生徒が活動に慣れるまでは、3秒ルールの徹底も含め、活動の活性化のためにもフィードバックは大切だと考えています。

米田：直接確認は大切ですね。生徒たちの活動の記録などはどうされていますか。

阿部：ライティング用のノートを用意させています。1冊のノートに残すことで、見直せます。また書いた語数を記録することで、「もっと多く書いてみるぞ！」となります。

| TIP：デジタルとアナログのそれぞれが効果的に活用できるようにしましょう。 |

米田：アナログも効果的ですね。単語学習ではスライド形式も活用されていました。

阿部：冒頭の単語学習では、単語の表がスライドから消えていくアニメーションの設定を使いました。積極性を引き出すのにアニメーションは特に有効です。

米田：このあたりはアナログではやはり難しいですよね。

阿部：アナログとの差は「動」と「静」にあると感じています。スリル感、ゲーム性を活動に加えることができ、生徒たちのモチベーションも上がりました。

| TIP：学習活動に適したICT利用で生徒の興味を高めて積極性を引き出しましょう。 |

米田：ライティングでのICTの活用方法と注意点を教えていただけますか。

阿部：書く活動後の個人での見直しで、端末から例文を検索し、例文の分析とライティングへの応用を授業内で実施し、家庭学習や自学のレベルを上げています。授業外でも、アプリで質問を受けたり、授業資料をカラーで送ったりしています。印刷物では白黒ですが、カラーで送ると文構造など、色で明確化することもできます。注意点は、安易にアプリに頼ってしまう学習を促してしまう可能性があります。"テスト的"な学習をするには提供されているアプリは有効ですが、紙の単語帳に情報を書き込み、情報量を増やす学習もすべきですね。

米田：アプリは、特に注意してどのような場面でどのように活用するかが大切ですね。

| TIP：生徒が自己学習用にデジタル教材を効果的に使えるように工夫しましょう。 |

(3) UDL

森田：平素より学校全体で、教室の環境や学習環境をどのように整えておられますか。

阿部：タブレット端末を1人1台所有しており、プロジェクターとスピーカーも完備しています。

森田：うらやましい教室環境ですね。ユニバーサルデザインの観点から、阿部先生ご自身が授業で取り組まれていることはありますか。

阿部：授業のレベル設定は中間層や上位層というのではなく「全員」を心がけています。「書く」リテリングなどでは、一人ひとりが異なるミスをします。つまり、全員が何かを学習することができるということだと思います。特定の文法などに焦点を絞って授業を展開すると、英語に苦手意識がある生徒が何も学習できない、得意な生徒が何も発見できないといった状況が起こりかねません。また、活動の趣旨を掴めない生徒がいることも考え、スライドの提示の際には「今、何をしようとしているのか」を中心に伝えています。また、情報量を少なくすることもポイントです。活動中はスライドを見れば混乱することはないという状態を維持することを狙っています。

> TIP：生徒の視界に入る提示の量を調節するなど、学習環境を整えましょう。

森田：生徒の特性に合わせ、どのように授業内容の精選をされておられますか。

阿部：「英語で何かを学ぶ」ということを考えた時に、文構造や語彙が難しいものであっては、読解だけで膨大な時間がかかってしまいます。教科書選定の際には読み物としてはやや平易なものであることに留意して、プラスアルファの活動に発展させるというイメージをしています。教科書単体で苦労しないレベル設定が重要であると考えています。

> TIP：学校や学年の特性に合わせ、授業内容を精選しましょう。

森田：授業における生徒の心理的安全性を担保するため、阿部先生が工夫されておられることがあればご教示いただけますか。

阿部：「話して間違える」「書いて間違える」ということが、当たり前のことであると伝え続けることです。中学校も高校も１年生の４月は、新たな人間関係の中でスタートする時ですので最も大切な時期です。間違えを訂正して学習するという時間を授業の中に常に設定することで、そのメッセージを後押ししているつもりです。時間を計測することや、日本語の部分的な使用を認めることなどの授業内でのルールや雰囲気作りも重要ですので、常に元気に教室に向かうようにしています。

森田：生徒が安心して、学びに向かうことのできる教室の環境整備に努めておられますね。

> TIP：生徒にとって安心できるような授業デザインをしましょう。

（4）PBL

藤澤：授業案は、トレーニングとして濃度がとても高いと感じました。その一方で、生徒にとってリアルな場面設定をするという意味では葛藤も見られるように思うのですが。

阿部：正直、教科書のすべてのLessonにおいて、生徒たちとの関連性を持たせながらの「目的・場面・状況」の設定は難しいです。こちら側の教養と教材研究でもっと膨らませられるのだろうとは思いながらも…という感じです。「読むこと」における「目的・場面・状況」の設定には特に難しさを感じています。むしろ「目的・場面・状況」を無理に設定するより「読めば読むほど知識が増えて世界が広がる！楽しいよね！」と、「英語で何かを学ぶ」ということに価値を見いだしたいなと感じています。

藤澤：正直なご意見ありがとうございます。それでは今回の授業案では扱えなかった部分で、普段、リアルな場面設定を意識することはあるのでしょうか。

阿部：教科書から離れたトピックでのスピーキングとライティングを最低でも週に一度はするようにしています。そのような時のトピックは「目的・場面・状況」を必ず設定しています。実際、やはり生徒の「自分事」感が増して、スピーキングでは発話量と声量、ライティングでは書く語数に大きく違いが出ると実感しています。教科書のLessonのま

とめの部分でも身近なトピックとして設定することをなるべく意識しています。

> TIP：最初から欲張らずに、始めやすい授業部分からプロジェクト化を進めましょう。

藤澤：このトピックに関連して誰かにとって価値があって生徒が本気になって取り組むような成果物を作るとしたら、どんなものが面白いと思いますか。

阿部：「学校で犬や猫などの動物を飼育するべきだ」というトピックで、ポスター発表もしくはスライドを作成してからのプレゼンテーションを行うと面白いのではないかと思います。「動物と我々人間の健康との関連性」を本文から引き継ぎ、「学校で過ごす生徒たちに（先生たちにも？）どのような点で利益があるのか」を述べることができると感じました。その際、論理の流れを本文から取り出し、参考となる資料は簡単な複数の英文をこちらで用意し、効果的と思われる根拠を提示するための材料とするとよいかもしれません。本単元 Lesson 2 の Part 2 では具体的な情報を述べた後に、In these ways でまとめを導入しており、Part 3 では However の後に主張が導入されていますので、そのような論理の流れを応用させることができそうです。

藤澤：これがきっかけとなって、実際に学校で動物を飼育することになったら面白いですね。言語部分にもちゃんと焦点があたった活動になっています。

> TIP：成果物が実際に他の人にとって価値のあるものとなるように設計しましょう。

Stage 3. ここに注目！授業のまとめ

　本時は、英語コミュニケーションⅠ「読むこと」イの授業です。中学校での読むことの目標のポイントは、必要な情報を読み取る、概要を捉える、要点を捉えるということでした。本科目の「読むこと」イでは、何のために読むのかという目的を生徒が理解して読むことが求められ、そのために多くの支援を活用できるようにすることも必要です。このような理解のもとに授業が行われる必要があります。

　阿部先生の授業は、内容重視から形式重視への流れ、また、テスト効果と繰り返しを重視した授業で、鷹揚に見えるところもありますが、緻密に検討された授業デザインがたいへん参考になります。

　授業について、展開1では、リテリングシートを使ってのスキーマの活性化に始まり、推測リテリングが続き、その後のリスニングでは内容をペアとシェアします。ここでの「教師からのフィードバック」の成否が、次に大きく影響しそうですね。その後には、必要な情報を読み取ります。ここで使う「合いの手スラッシュリーディングシート」は英語の語順で意味を捉えやすいように生徒を支援し、英語の語順感覚を養うので、生徒はアウトプットの際にも生かしていけます。その後は詳細ではなく概要を捉えますが、曖昧さへの耐性が強調されています

ね。この教師のスタンスがいいなあと思いました。また、その後のリテリングでの「内容重視アウトプット」では、進め方の詳細が書かれていますので読者のみなさまは是非チェックしてください。その後は、要約図を使い、要点を捉えます。ここで終わるのではなく、「形式重視アウトプット」を経て、リテリングシートを使っての「書く」リテリングで既習事項を強化します。

　わずか8行の教科書の文章をこれほどまでに生徒は体験することで、否が応でも英語が身に付きますね。なお、大仕掛けとしての「内容重視から形式重視」及びやさしい教科書使用の指摘には、必ず注目していただきたいと思います。

　CLIL×ICT×UDL×PBL　内容（content）と言語（language）のCLILの視点では、言語に注目した場合には、教科書の言語の難易度が高いとアウトプットの指導を行うのは困難になりがちでしょう。この授業はその克服を教えてくれています。生徒や目標に合った教材選定を心がけることの大切さを教えてくれるのかもしれません。ICT活用で生徒のやる気が高まるというのはよく見られる光景ですが、例えば本時のリスニングの際にどのようなICT活用をしているのかを知りたいものですね。個別最適化で大切なことは、生徒の様子を見て、一斉、協働、個別のスタイルに応じたICT活用を教員がきちんとデザインすることでしょう。それを通して、生徒は、与えられるだけではなく、自ら効果的にICTを活用する力を身に付ける授業が大切でしょう。UDLの視点では、プロジェクターやスピーカーが教室に常設されているすばらしい学習環境に加えて、生徒の実態に応じて授業内容が精選され、間違えても大丈夫という生徒の心理的安全性が確保されているすばらしい取り組みと言えそうです。PBLについては、授業活動のすべてに「目的・場面・状況」を設定することは確かに難しいかもしれませんが、プロジェクトの成果物の質を上げる際に、読むことを通したインプットは必要不可欠であるという認識に立つと、英文の見え方が変わってくるかもしれません。よって、アウトプットの質を上げるためにも、日々のインプットのトレーニングが重要だというメッセージが、私たち教師には届くでしょうし、生徒にも届くといいなと思います。

> **コラム**　　　　　　　　　　　　進化するCLIL
>
> 　近年のCLIL教育の普及と課題については、CLILが比較的新しい教育概念であることから、フレームワークを厳格に分けず、日本の教育システムに適合するようなアプローチを模索して日本のCLILとして再解釈するという考え方（笹島、2020）もあります。例えばフレームワークを日本の環境に適応させて「community（協学）」としての活動のプロセスとして「個人学習」「二人学習」「集団学習」「一斉学習」と学習の集団単位を大きくしていくことで、学習者は順を追って多くの意見に触れる流れを作る方法もあります（渡部・池田・和泉、2011）。すなわち、CLILの授業を提案する際には、その授業でのcontentとcommunicationの範疇を定めたのちに、活動としてcultureやcognitionに配慮した活動を配置するという流れが適切と言えます。
>
> 　また、CLILは英語を中心とする新自由主義的な考えを助長する恐れがあり、criticalityとして5つ目のCを導入し、学習者が学習内容の内容、言語、より広い文化的及びイデオロギー的含意について批判的思考と考察を行う必要があるという主張（Sakamoto、2022）があることも意識しておきたい点です。

2	英語コミュニケーション I	「話すこと [やり取り]」イ
鈴木　啓	三省堂 MY WAY English Communication I, Lesson 5	

> "Open your textbook to page ...." と言わない授業を！
> 指示をしなくても生徒が思わず教科書を開く導入（主体的な学び）、読んでわかったことや考えたことを生き生きと英語で伝え合う展開（対話的な学び）、評価の観点が明確で自分の成長を実感できる振り返り（深い学び）のある授業をめざします。

Stage 1.「主体的・対話的で深い学び」の授業案

1. 単元目標

　消滅の危機にある言語について知るために、教科書及び補足資料を読むことができる。その上で、*主要言語が広まることのプラス面と地域言語が消滅することのマイナス面に関してやり取りができる。

　＊「主要言語」を「重要な地位を占める言語」という意味ではなく、「母語話者の人口が多く、世界各地で通じる言語」の意味で使っています。言語に優劣はないという点も指導することが重要だと考えています。

2. 単元の指導計画 全12回

第1時	・目標（返信メールを書くため、教科書とカナダの高校生の依頼メールを読み、4人グループで意見交換して、最後は個人で返信メールを書く）を提示する。 ・返信メールを書くために必要な情報を教科書から読みとる。
第2～7時	・Section 1～4の内容理解と音読及びリテリング等の活動をする。
第8・9時	・補足資料を読んで、別の立場の意見や異なる考え方に触れる。
第10時（本時）	・再び資料を読み、主要言語が広まることのプラス面と地域言語が消滅することのマイナス面をJamboardに記入し、グループでディスカッションをして振り返る。
第11時	・新たなメンバーとのやり取りを踏まえ、カナダの高校生に返事を書く。
第12時	・書き上げた返信メール文をお互いに読み合い、フィードバックし合う。

3. 教材観・生徒観・指導観

(1) 教材観

　言語の消滅について、高校生が言語学者にインタビューをしている場面です。その中で先住民族の言語に触れながら、言語消滅の原因等が述べられています。最後には、言語の保護と同

時に、文化多様性の重要性も訴える内容です。母語の大切さや言語に優劣はない点を強調して指導する必要があります。本時では、ディスカッションをする際の資料として教科書を活用させることを意図しています。また次のメールも補足資料として使用します。

> Hi! I am a high school student in Canada. Please let me know what you think.
>
> Tsimshian is my native language. It is an endangered language with only a few hundred speakers. I want to preserve Tsimshian, but it is difficult because most speakers are elderly. On the other hand, I know we need to learn English to get a good job in the future.
>
> I think I am not the only one who is troubled about this matter. With the spread of English worldwide, many languages are facing extinction. Is the spread of English a good thing? What are the positive and negative impacts of English spreading? I would like to know the thoughts of Japanese high school students.
>
> Looking forward to hearing from you.

補足資料【カナダの高校生から送られてきたメール本文】

(2) 生徒観

高校入学後半年が経過し、聞いたことや読んだことをもとに話す活動に慣れてきた生徒を想定しています。これまで、教科書のActivity Cornerを使い、毎単元末にやり取りをしてきました。しかし、社会的な話題に関して、話すことに苦手意識をもつ生徒もいるので、本時ではやり取りの活動の前にグループで情報交換したり、リテリングをしたりする時間を設けるなどして支援します。本時のようなやり取りを重ねることで、相手の考えを受け止めながら、自分の意見を述べることのできる生徒に成長することを期待しています。

(3) 指導観

第1時で、カナダの高校生が、自分の母語の消滅について日本の生徒たちの助言をメールで求めているという状況を伝えます。最終ゴールとして、この高校生にメールで返事を書くことを設定します。第2〜9時で教科書の音読やリテリングを通して新出表現に習熟し、それを生かして、本時ではディスカッションに挑戦します。第11時では、自分の意見を伝えるためのメールを書きます。このように最終成果物を明確にし、見通しをもたせることで、必要な情報や背景知識を得るために本文を読むという意識を高めます。目標を意識しながら自己の学習を調整するといった主体的に学習に取り組む態度の伸長にも繋がります。

4. 本時の目標

主要言語拡大のプラス面と地域言語消滅のマイナス面について、使用する語句や文、対話の展開において、多くの支援を活用すれば、教科書本文や補足資料で読んだことを基に、基本的

な語句や文を用いて相手の意見を受け止めながら、情報や考えなどを論理性に注意して話して伝え合うことができる。

5. 本時の評価規準

A　知識・技能	B　思考・判断・表現	C　主体的に学習に取り組む態度
〈知識〉　情報や考えなどを理由とともに話して伝えるために必要となる語句や文を理解している。 〈技能〉　主要言語拡大のプラス面と地域言語消滅のマイナス面について、情報や考えなどを論理性に注意して話して伝え合う技能を身に付けている。	主要言語拡大のプラス面と地域言語消滅のマイナス面について、教科書本文や補足資料を基に、カナダの高校生に思いを伝えるために、基本的な語句や文を用いて、情報や考えなどを論理性に注意して話して伝え合っている。	主要言語拡大のプラス面と地域言語消滅のマイナス面について、教科書本文や補足資料を基に、カナダの高校生に思いを伝えるために、基本的な語句や文を用いて、情報や考えなどを論理性に注意して話して伝え合おうとしている。

> Student 1: How many languages / are there / in the world?//
> Linguist : There are about 7,000.// But about 40% of them / are endangered languages. // One of them is Arta / in the Philippines. // Arta people live / on Luzon Island.// There are only about 15 people / who speak the language fluently.//
> S₁: Can you tell me more about Arta?
> L : Traditionally, Arta people are hunters. So they have several words which express types of hunting. For example, the word "*bugay*" means to go hunting with hunting dogs. The word "*purab*" means to go hunting without dogs.
> S₁: That's interesting.
> L : Language is tightly connected with people's lifestyles.

［三省堂 MY WAY English Communication I（R4 年度）］

6. 本時の展開 ― 英語コミュニケーションⅠ／「話すこと［やり取り］」イ ―

> Small Talk → 要点を捉える → 要点を伝え合う（リテリング）→
> やり取り（ディスカッション）→ グループ内での振り返り → クラス全体でシェア

学習過程	生徒の活動、教師の指導と指導上の留意点
導入 8分 Small Talk	(1) Small Talk、その後に4人のグループでの会話 T: I got an e-mail with some pictures from my foreign friend. Look at the pictures. Where do you think this country is? S1: I think it's Australia. T: That's right. My friend lives in Australia. I want to go and see him. Do you want to go abroad? If you traveled, where would you travel, in Japan or overseas?〈考える時間を与える〉Make groups of four and talk about this topic. The topic is "If you traveled, where would you travel? And why?" > この単元を通して、4人での会話を帯活動として行います。帯活動の活動内容を、その単元の中心的な言語活動（本単元ではやり取り）と同一にすることで、足場かけとして機能させることを狙っています。 (2) 始める前のフィードフォワード＆生徒の活動 > フィードフォワードとは、意識してほしいポイント、前回やった際に見られた良い点、改善するための方法等を、活動に入る前に伝えることです。ここでは、前時に見られた言い換えの良い例を紹介しつつ、生徒に活用してもらいたいコミュニケーションスキルを提示しました。このように、活動の前に指導・助言することで、生徒の意識が高まった状態で活動に臨むことができます。 T: In the previous class, a student noticed that the other students weren't understanding what the student was saying. So, the student tried saying it in a different way. This is a very important communication skill. If you feel like that the other students aren't getting your message, try repeating or rephrasing it to help them understand. > 実際は「活動→指導→活動」で進めます。生徒はこの流れで成長が実感でき、意欲向上に繋がります。 S2: Where do you want to travel? S3: I want to go to France. I'm interested in art and design. I heard France is famous for its art. I want to visit some galleries. What do you think, S4? Where do you want to travel? S4: I want to visit Spain. I have been playing soccer since elementary school. I want to watch a soccer game in Spain.〈以降、続く。〉 (3) フィードバック T: Everyone, you had a nice conversation. S3 said, "What do you think, S4? Where do you want to travel?". Those questions were helpful. S3 gave S4 a chance to speak. Those questions made it easier for S4 to start speaking. 〈この後、メンバーを替えてもう1度行う。〉

展開1 16分 要点を捉える 要点を伝え合う（リテリング）	【Pre-Speaking（Interaction）】 ① 第1時で紹介したカナダの高校生の依頼を再確認します。（【カナダの高校生から送られてきたメール文】） ② 要点を捉える：この後、ペアでリテリングするために、教科書及び資料を読む時間を与え、要点に下線を引かせます。 ③ 読んだ内容をもとにペアで要点を伝え合います（リテリング）。 S5: The textbook says that Tsimshian people have used English instead of their language. As a result, only about 100 speakers of their language remain. If Tsimshian speakers disappeared, their culture would also disappear. S6: I understand. I think we should respect other cultures. > 学習指導要領 p.49 の「最初から自分の意見をやり取りさせるのではなく、授業で扱った教科書の本文の概要を自分の言葉で言い換える（中略）段階的な指導の工夫も必要である」にもとづき、While-Speaking の準備としてここでリテリングを行います。
やり取りのためのメモ作成	④ 発表した内容を *Jamboard の付箋に入力します（やり取りのメモ作成）。 学習指導要領解説 p.26 に、やり取りでのメモの活用が明記されています。メモを作ることで思考が整理されてやり取りの際の支援になります。 > *Jamboard（2024年末でサービス終了）は Google 社が提供するオンラインホワイトボードです。同じ画面を共有して、複数人が同時に書き込むことができます。自分の端末から Jamboard を見て、グループのみならず、クラス全体からも学ぶことができます。リモート授業を受けている生徒が参加したり、自宅で書いた内容を確認したりできるので、家庭学習との接続が容易になります。 **Good Points of major languages spreading** - We can communicate with anyone in the world. - Students don't need to learn a foreign language. They can spend more time studying other - People can travel around the world more easily. **Bad Points of minority languages disappearing** - Language is tightly connected with people's lifestyle. - Traditions will disappear. - Cultural diversity would be lost. - Language disappearing leads to the disappearance of culture.
展開2 14分 やり取りの準備	【While-Speaking（Interaction）】 (1) やり取りの準備 ① 活動の確認 T: Let's make groups of four. Our aim in this discussion is to have you think about the positive and negative points of language spread. Share as many opinions as you can, from the good to the bad. ② 役割分担を確認：Moderator が1人（M）、Speaker が3人（S7、S8、S9） > 論理・表現 I の「司会者の役割やディスカッションを進める手順などを明確にして」（学習指導要領 p.88）という記述を参考に、司会者の発話例やディスカッションの進行例を提示するなどの支援をします。

③ この活動の評価基準（自己評価）の確認。

T: Have a look at the evaluation sheet. There are three points to pay attention to during the discussion. Does it make sense?

Evaluation Sheet【U5 Discussion ①】

Evaluate yourself on the following table.

	知識・技能	思考・判断・表現	主体的に学習に取り組む態度
a	基礎的な文法をほぼ誤りなく使用している。 特に注意！関係詞、仮定法 **It is ... to 不定詞**	①自分の立場を明確にしながら、②理由とともに意見を話して伝えている。	相手の主張を受け止めながら、自分の意見を話して伝えようとしている。
b	誤りがあるが、理解に支障のない程度の英文を用いている。	①と②のどちらか不十分である。	自分の意見を話して伝えようとしている。
c	「b」を満たしていない。	①と②のどちらも不十分である。	「b」を満たしていない。

学習評価参考資料 pp. 71-75 を参考に作成しました。自己調整のための支援の一つです。教師も同じ評価基準で生徒の取組を評価し、自己評価と比較させることも大切です。さらに、評価項目や基準を生徒たちと相談して決めることも考えられます。

やり取り（ディスカッション）

(2) やり取り（4人1組でJamboardを使用。ディスカッションを録画）

目的・場面・状況　カナダの高校生の依頼に対応するために主要言語拡大のプラス面と地域言語消滅のマイナス面についてディスカッションしている。

M: We have read about how languages spread or die out. Now let's share the good and bad points of language spread.
S7: Let me go first. I'll tell you a good point. Look at this note.〈自分が入力した付箋を示しながら〉English is a common language in the world, so people could communicate with one in four people by using it.
S8: S7, you said thanks to English, we can talk with people around the world. Is it right?
S7: Yes.
S8: Thank you. I have a similar idea. If English spreads more, we can travel around the world more easily. We can order in restaurants using a common language. So, I think it's good that a major language would spread more.
S9:〈S8に対して〉You said... the more a major language spreads, the more people we can communicate with. So, you feel positive about the language spread, don't you?
S8: That's true.
S9: I understand there are advantages to using a major language. But I don't agree with you. If everyone spoke some major language such as English, no one would have a chance to speak their native language. If their language was no longer used, the language would disappear. That's not a good situation.
M: I have a question for S9. You think it is not good that a language would be lost. Is it correct?
S9: Of course. Don't you think so?
M: I'm not sure.... Why do you think so?

	S9: Well, …I think, as the textbook says, if a language were to disappear, its culture would also disappear. I believe losing cultural diversity would not be beneficial. Do you agree with that? S7: I completely agree with you on that point. M: You too? Tell us the reason. S7: When cultural diversity is lost, it may lead to discrimination and social inequalities. We should respect and save all the different languages. M: I understand. Thank you, S7 and S9. I found it important to appreciate and respect cultural diversity and work towards preserving it. S8: I think so too. We can say that a language closely connects with its culture. Therefore, we have to take action in order not to lose any language. S9: As you said, it's important to care about that and work together to save the world's languages and cultures. 〈やり取りが続く、以降、略。〉 M: Let's wrap up our discussion. We have ○ positive opinions and ○ negative ones.（○には数を入れる。）We had a nice discussion. Thank you.	
展開3 8分 グループ内での振り返り クラス全体でシェア	【Post-Speaking (Interaction)】：グループ内での振り返り、クラス全体でシェア ① 自分の意見とやり取りで出たグループのメンバーの意見をReflection Sheetに記入します。 ② 主要言語が広まることのプラス面と地域言語が消滅することのマイナス面の最も説得力のある意見をグループ内で決めます。 ③ 各グループの司会者が、肯定的・否定的意見を1つずつ発表します。 **Reflection Sheet【U5 Discussion ①】** 1. Write some opinions you stated in the discussion. ・If English spreads more, we can travel around the world more easily. ・A language closely connects with its culture. We have to take action in order not to lose any language. 2. Write group member's opinions you thought were good. ・If a language were to disappear, its culture would also disappear. I believe losing cultural language.	
まとめ 4分	録画したやり取りの映像を見ながら、Evaluation Sheet（前掲）で自己評価する。	

7. まとめ

　生徒が主体的に教科書を読むためには、動機づけが必要です。生徒に「読みたい！」「読まなきゃ」と思わせるための単元構成や授業構成が求められます。本時では、初めに同年齢のカナダの高校生の抱える母語消滅の問題を取り上げます。しかし、生徒にはその話題に関する知識がないので、「アドバイスを書く」という目的をもって教科書を開きます。このように、生徒が自発的に教科書を読むための仕掛けが必要です。

　また、生徒全員が目標を達成できるように、活動の繰り返しも重要です。帯活動では、「活

動 → 指導 → 活動」の流れを意識していますし、4人組でのやり取りも本時の1回きりではなく、本時の映像を見て振り返り、次の授業で再挑戦します。このように、活動を繰り返すことで、深い学びに繋がり、なおかつスローラーナーへの支援にもなります。

Stage 2. 英語授業実践でのCLIL、ICT、UDL、PBLの模索

(1) CLIL

谷野：教科書本文のメッセージを掴ませ、それに対して自分の考えをアウトプットさせる流れを作る上で、特に注意されていることはありますか。

鈴木：パラグラフチャートを用いて、可視化・構造化することで思考を整理させることが大切です。その際、「抽象 → 具体」等の論理の流れなどの重要な点を確認します。この活動を繰り返すことで、生徒は確実に要点を掴むことができるようになり、質の高いアウトプットができるようになったと感じています。

谷野：教科書のcontentを「思考」を深めて読み取らせるために、パラグラフの構成を意識した情報を抽出させ、音読をたくさん取り入れ、メモを電子的に共有してその助けにするというICTも上手に活用された実践ですね。

> TIP：Content の理解促進のためにパラグラフの構成など基本的項目を重視しましょう。

谷野：鈴木先生は、生徒に教科書のcontent（本課の場合は母語消滅）に注目させるための工夫として、どのようなことに気を付けておられますか。

鈴木：母語消滅は生徒が関心を持ちづらいテーマだと思いました。そこで、「カナダに英語が広まり少数民族の言語がなくなることについて、賛成か反対かの立場を示し、メールに返信する」という目的・場面・状況を設定しました。このように、読む目的を設定することが大切だと考えています。その他、別の単元で行った工夫を次に2つ紹介します。1つ目は「揺さぶる」ことです。オーバーツーリズムの単元では、富士山の美しい写真や人気度を示すデータを提示し、「もっと多くの観光客に訪れてもらいたいですか？」と問いかけました。その後、富士山が抱える問題を示して、「本当に観光客が増えることは良いことですか？」と再度問いかけました。このように生徒の思考を揺さぶった後に「では、教科書はどちらの立場で、どのように主張しているかを確認してください」と言います。生徒は夢中になって教科書を読み進めていました。2つ目は自己関連性です。「平和」は多くの教科書で取り上げられている最重要テーマですが、生徒にとっては心理的に距離があるようです。そこで「私たちの地元も空襲の被害にあったことを知っていましたか？」と問いかけ、総務省サイトの「国内各都市の戦災の状況」というページを見せました。こうすることで、教科書と生徒の距離が一気に縮まりました。関

連付けるのが難しい内容もありますが、教科書付属の指導資料に背景知識が載っている場合もあるので、それも参考になると思います。

> TIP：教科書が提供するcontentに疑問を持たせて自分事として考えさせる工夫をしましょう。

(2) ICT

米田：今回の授業でのICTの環境と、使用されたICT活用のポイントを教えてください。

鈴木：Wi-Fi環境及びプロジェクターがあり、生徒は1人1台、端末を持っています。ICT活用のポイントは、考えたことを伝え合う際の2つの足場かけや支援です。

米田：2つとはGoogle Classroom（GC）を活用した教科書のリテリングと、読んで分かったことをJamboardに書き込む活動ですね。なぜこのスタイルにされたのですか。

鈴木：各自のワークシートにメモを取らせる場合もありますが、今回は社会性の高い内容であるため、スローラーナーも周りを見ながら書き込むことができます。また、自分が書いたことを見せながら話せるという2つの点を考慮してこのスタイルにしました。

> TIP：特にデジタル教材を生徒が効果的に使えるスタイルも考えておきましょう。

米田：アナログより効果的なポイントはどんな場面でのどんなところですか。

鈴木：「模造紙＋付箋」の方法もありますが、生徒はGC等の使用に慣れてきたところなので、Jamboardを使いました。話し合った内容を家からでも見たり追記したりできます。家庭学習との接続や教室外からのリモート参加も可能です。過去に使った表現を参照している様子もあり、スタディ・ログ（学習ログ）としても機能していると感じています。

> TIP：適したデジタル教材を効果的に活用しましょう。

米田：ログはICTの得意分野ですね。次に、ICT活用の他の例があればお知らせください。

鈴木：昨年度から週課題をワーク冊子の提出ではなく、制限時間内に文章を音読し、音声をGCに提出する方式に変えました。何度も練習しないと間に合わない時間設定にし、これを毎週続けた結果、音読スピードが大幅に上がりました。各種テストのスコアも伸びたことから内容理解の速さと正確さも向上したことがうかがえます。

> TIP：練習の成果を音声ファイルで提出させるなど、ICTならではの強みを活かしましょう。

米田：ICT活用について、現状の課題と今後の取り組みを教えてください。

鈴木：現状の課題は、慣れるまで文字入力に時間がかかることと、端末に集中し過ぎてしまい、アイコンタクトがなくなる生徒が散見されることです。今後は、提出された生徒の音読を、AIが発音やアクセントを自動でフィードバックしてくれる仕組みを、GCと連動させたいです。この流れができたら、教師は、生徒の個別指導にもあたることができます。加えて、学習ログを効果的に活用したいと考えています。

> TIP：デジタル教材を生徒が効果的に使えるように準備をしましょう。

(3) UDL

森田：育てたい生徒像を、どのように共通認識され、それをどのように教科目標に落とし込んでおられますか。

鈴木：本校の育てたい生徒像の中で、英語科と関係するのは「自ら学び自ら考える能力を育成する」という部分です。私が所属している学年では、これを「自律的学習者を育てる」と言い換えて共通認識をもって指導しています。今年度は、「英語科合同授業開き」と銘打って、学年全体が集い、講堂で初回の授業をしました。そこで、全員が自律的学習者になることをめざそうと話しました。目標実現のための方策は、自主学習制度とオンライン学習ログです。

森田：生徒を交え、学年や教科等で、目標を共有している取り組みは素敵ですね。

> TIP：勤務校で育てたい生徒像を共通認識し、教科目標に具現化しましょう。

森田：授業で生徒がアウトプット活動をする場合、多様な学力層の生徒に対して、工夫していることはありますか。

鈴木：スローラーナーへの支援はもちろん、「伸びこぼし」が起こらないよう工夫しています。単元末の活動は、あえて高いレベルに設定することで、得意な生徒の学習への動機づけを高め、またその活動は、仲間とともに成長しなければ達成できないことに気づかせ、得意な生徒がスローラーナーを支援するように授業を設計しています。

　同時に、スローラーナーの学習をさらに伸ばすため、次のように単元内での足場かけをしています。まず、他者とのやり取りに慣れるために、単元を通してwarm-upで4人での会話をしています。ここで、ターンテイキングや発話回数が少ない生徒を適切に支援しています。また、活動の前には、生徒が十分に練習できる時間を確保しています。ディスカッションにおいても、伝えたい意見をJamboardに記入することで思考を整理し、ディスカッション時の生徒の不安を軽減しています。さらに、Jamboardにあるキーワードを見ながら話すことで、生徒の発話の支援にも繋がっています。

森田：教室にいるすべての生徒の顔を思い浮かべながら、多くの足場かけを設定されています。ある特定の生徒のレベルのみに焦点を当てた授業ではなく、すべての生徒にとって有意義な授業をというお考えに、非常に共感することができます。

> TIP：学習定着と動機づけ向上のために、多様なアプローチを組み合わせましょう。

(4) PBL

藤澤：今回の授業案で最終的なタスクを、ツィムシアン語を話すカナダの高校生からの手紙に返事を書くことと設定されています。鈴木先生がこのトピックを選んでタスクを設定したのはどのような思いがあるのでしょうか。

鈴木：個人的に、このトピックが生徒に最も考えてもらいたいものだったからです。具体的には以下の３つの点について考えてもらいたいと思いました。①英語が広まることのプラスの面に関心が向きがちだがマイナス面もあるということ及び物事の両面性を意識して、物事を多面的、多角的に見ること、②言語に優劣はないこと、及び、英語を学びつつもすべての言語をリスペクトする姿勢を持ってほしいということ、③言語があるということは、それを使って生活している人がいること及び、もし言語が消滅すれば文化もなくなってしまう可能性があるということです。このような点を意識し、現実世界とリアルに繋がっていることを生徒には意識してほしいと思っています。

藤澤：鈴木先生の思いが伝わってきますね。授業でプロジェクトを実施するにあたっては、途中でうまくいかない場面がつきもの。その壁を乗り越えるには、トピックに対して教員がどれだけ情熱を持てるのかが大きな鍵となりますので、自分にとって本当に大切に思えるトピックを軸にして設計してほしいですね。

> TIP：Teach to your passion! プロジェクトはあなたの情熱とワクワク感を起点にしてオリジナルで設計しましょう。

藤澤：授業案をつくる際に、他の先生と一緒にチームで行うことはありますか。

鈴木：私の学年では、共通のワークシートやスライドを使って授業をしています。科目や単元によって作成者を決め、分担して授業準備をします。その過程で、より良い物になるようにアドバイスをし合います。このことは、チームワークの向上にも寄与します。

藤澤：すばらしいですね。プロジェクトの設計をする際にもチームで行うことによってより深い内容になります。対話しながら授業案を作成していく過程は、時間が余計に必要かもしれませんが、発想が間違いなく広がりますし、また授業案の作成段階に関わってもらうことで、当事者意識を持ってもらいやすいというメリットもあります。

> TIP：プロジェクトの計画を立てる際には１人ではなくチーム（できれば他教科の教員も一緒に）で行いましょう。

Stage 3．ここに注目！授業のまとめ

　本時は、やり取りの授業（英語コミュニケーションⅠ「話すこと［やり取り］」イ）です。中学校では、即興で伝え合って対話を継続・発展させる、自分の考え、気持などをメモなどに整理して伝えたり、答えたりする、また、聞いたり読んだりしたことについて考えたことや感じたこと、その理由などを述べ合うというやり取りの授業を経験しています。いずれにも、読み上げるための原稿の準備はありません。このような経験のある生徒たちを満足させることが高校の授業では求められます。ちなみに、筆者は、大学の教員養成の英語科指導法の授業で学

生には、中学生対象の授業では少なくとも3往復のやり取りをまずはめざすように指導しています。

本時のやり取りは、4人グループでのディスカッションです。注意しなければならないのは、やり取りですからあくまでも双方向の対話が求められます。よってA→B、B→C、C→D、…では単方向なのでダメです。

英語コミュニケーションⅠ「話すこと［やり取り］」イで注目すべきは、「多くの支援を活用すれば，聞いたり読んだりしたことを基に，基本的な語句や文を用いて，情報や考え，気持ちなどを論理性に注意して話して伝え合う」です。論理性に注意した対話への仕掛けが必要不可欠です。

鈴木啓先生のやり取りの言語活動では、カナダの高校生の依頼に対応するという目的が設定されています。まず、カナダの高校生からの依頼等を読み、Jamboardを使って意見交換しているという場面・状況でのやり取りが進行します。評価基準（自己評価）を予め明らかにし、行ったやり取りを踏まえて、振り返りシートに記入して、統合的な言語活動となっています。この流れもすばらしいと思いますし、論理性に注意した、賛成や反対の立場のディスカッションという大仕掛けが展開されているのもすばらしいですね。その裏には、授業冒頭にあるフィードフォワードが鍵になっているようにも思えます。良い点や意識してほしいポイントを生徒が肯定的に捉えることで、意識が高まった状態で活動に臨んでいくことに繋がっていると思います。また、インタビューにあるような協業する同僚性豊かな教員集団っていいですね。

CLIL×ICT×UDL×PBL　CLILでは、他国の高校生との母語消失についての意見交換といった自己の国や文化、個人に関わる情報を追加することにより、教材のcontentについて、生徒に深く考えさせる工夫をしています（4Csの文化及び思考）。ICTでは、自分が過去に使った英語の表現を改めて使うなどして学習ログをうまく活用させていますね。生徒が専用の「学習ログ」を残しているだけでなく教員も音声も含めてログを確認することができ、評価もしやすくなっていることでしょう。UDLでは、ユニバーサルデザインの観点から、一人ひとりに合った指導や一人ひとりを活かした指導、そして教室での協働など、基礎的な事項が踏まえられていると考えることができます。PBLについては、一つの単元の中でも、どのトピックに対しても同じように情熱を感じられるのは難しいかもしれませんが、鈴木先生は自分が一番大事だと情熱を持てる部分（言語と文化の多様性を大事にする思い）を軸にしてタスクを設定しており、また現実世界とリアルに繋がることを意識しているという点でPBLの視点に近いものを感じるといえると思います。また普段からチームで授業案を検討する態勢や文化が校内にあるということもすばらしく、PBLをスムーズに実施できる土台があると感じました。

3	論理・表現Ⅰ	「話すこと［やり取り］」イ
鈴木優子	新興出版社啓林館 Standard Vision Quest English Logic and Expression I, Lesson 7	

> 論理・表現であるため、基本的な文法・語彙の使い方には注意しつつ、表現することの楽しさを味わうことが大切だと思います。失敗を恐れず、表現することを続けていくことで、英語をツールとして用いることを身に付けてほしいと思います。

Stage 1.「主体的・対話的で深い学び」の授業案

1. 単元目標

交流・交際の場で、感謝・謝罪・弁解の表現を身に付ける。高校生が日常生活で行うべき大切なことについて、論理的に話し、書くことができる。

2. 単元の指導計画 全4回

第1時	Lesson 7 の導入、Logic & Expression 1 ・誕生日会の様子をイメージし、感謝の表現を理解する。 ・不定詞の基本的な使い方を理解し、将来の夢についての文章を書く。
第2時	Logic & Expression 2 ・不定詞の意味上の主語、SVO + to 不定詞／原形不定詞を理解する。 ・謝罪する表現を理解し、日常生活で行う大切なことについての文章を書く。
第3時（本時）	Logic & Expression 3 ・不定詞の否定形を理解し、弁解する表現を用いてアウトプットを行う。
第4時	Review、Expressing ・既習の文法事項や表現を用いて発表する。

3. 教材観・生徒観・指導観

(1) 教材観

Standard Vision Quest I は、高校生の日常生活を話題にしながら、論理的な文章の組み立てを学ぶことができて、文法事項を用いて場面に応じた表現を学べる構成です。日常生活で起こりうる場面設定であるため、学習した表現が使いやすくなっています。文法事項や語彙を定着させていくには、自分事に落とし込んでアウトプットする場を作ることが大切です。英語が苦

手であればあるほど、身近な場面で英語を使う機会を増やしていくことが、今後の英語学習の礎になります。

(2) 生徒観

　英語がそれほど得意ではない生徒が多いクラスを想定しています。そのため、学ぶ場としての教室が、安全・安心の場である必要があると考えます。ペアワークやグループワークを多用することで、人前で表現し、間違えることに恐怖感を感じずにすむ環境を作ることができます。そうすることで、小さな間違いを気にせず、表現することの楽しさを感じられる生徒たちが育つと思います。自由にアウトプットすることに喜びを感じる経験によって、生徒たちは自ら学び始めると思います。

(3) 指導観

　本時では文法の基本は押さえますが、たくさんアウトプットするためのツールとして英語を使用することが主となります。勤務校ではiPadを1人1台持ち、授業はすべてiPadを用いて行います。使用するのは主にロイロノート・スクール（https://help.loilonote.app/）で、今回もそれを用いた授業案となっています。授業の教材、スライド、リスニングの音声、動画などはすべてこれを用いて配付します。生徒たちの宿題などの提出物もロイロノート・スクール上ですべて完結しています。

Model Conversation
誕生日会の途中, エミリーはサラから電話を受けます。

S1: Hello, Emily. This is Sara. The party sounds pretty lively.
E1: Everyone seems **to be enjoying** it. What's up?
S2: Sorry, Emily. I planned to join it, but I don't think I can make it tonight. I heve **too** much math homework **to** finish. I need to learn **not to** put off things I have to do.
E2: That's too bad. I wanted you to meet Nami, my good friend. I told her you are a black belt. She seems interested in the art of self-defense.
S3: Really? Shall we all meet this weekend?
E3: OK. I am free on Saturday. I'll ask her if she can join us.

S1：もしもし，エミリー。サラよ。誕生日会はとても盛り上がっているみたいね。
E1：みんな誕生日会を楽しんでくれているみたい。どうしたの？
S2：ごめんなさい，エミリー。行くつもりだったんだけど，今夜は誕生日会に行けそうになくて。終わらせないといけない数学の宿題がたくさんあるの。やるべきことを先延ばしにしない習慣を身につけないと。
E2：とても残念だわ。あなたに私の友達の奈美と会って欲しかったの。あなたが黒帯だと彼女に話したの。彼女は護身術に興味があるみたいよ。
S3：本当？この週末にみんなで会わない？
E3：いいわね。土曜日は空いているわ。彼女が来られるか聞いてみるわね。

［新興出版社啓林館 Standard Vision Quest English Logic and Expression I（R4年度）］

Example Bank

A 不定詞の否定形
1. She told me **not to** be late. 〈遅れないようにと言った〉

B 不定詞が表す〈時〉
2. He seems **to be** ill. 〈（今）病気であると（今）思われる〉
3. He seems **to have been** ill. 〈（以前／これまで）病気だったと（今）思われる〉

C 不定詞の進行形・受動態
4. She seems **to be enjoying** her holiday. 〈楽しんでいるようだ〉
5. Children need **to be accompanied** by an adult. 〈（大人に）同行してもらう必要がある〉

D 不定詞を使った慣用表現
6. I'm **too** tired **to** walk. 〈あまりにも疲れていて歩けない〉
7. He is smart **enough to** solve the puzzle. 〈そのパズルを解くほど賢い〉
8. We arrived early **in order to** get good seats. 〈良い席を確保するために〉
9. **To tell (you) the truth**, I woke up late this morning. 〈実を言うと〉

Function 弁解する
1. "Why didn't you come to our party?" "Sorry, but I had **too** much homework **to** do."
2. "Sorry, I **didn't mean** ① to hurt you." "I don't mind. / Forget it."
3. "You are late." "I'm so sorry, but **it's not my fault**. The train was delayed because of an accident. ② "

Tips! ①「わざとではない」と釈明する。②事情を説明するほうが丁寧

| You look very sleepy. Didn't you sleep well last night? | | Not at all. I was too excited to sleep yesterday. |

［新興出版社啓林館 Standard Vision Quest English Logic and Expression I（R4年度）］

4. 本時の目標

　日常的な話題について、使用する語句や文、対話の展開などにおいて、多くの支援を活用すれば、ペアでのやり取りを通して、聞いたことなどを活用しながら、基本的な語句や文を用いて、自分が失敗したときに用いる弁解などを論理の構成や展開を工夫して話して伝え合うことができる。

5. 本時の評価規準

A　知識・技能	B　思考・判断・表現	C　主体的に学習に取り組む態度
〈知識〉 弁解などを話して伝え合うために必要となる語句、表現（不定詞の基本的な用法）を理解している。〈技能〉 弁解などの自分の考えを論理の構成や展開を工夫して話して伝え合う技能を身に付けている。	自分が失敗などをしたときの思いをわかってもらうために、その際の弁解などについて、論理の構成や展開を工夫して話して伝え合っている。	自分が失敗などをしたときの思いをわかってもらうために、その際の弁解などについて、論理の構成や展開を工夫して話して伝え合おうとしている。

6. 本時の展開 ― 論理・表現Ⅰ／「話すこと［やり取り］」イ ―

> 聞くこと（必要な情報を聞き取る）→ やり取りの準備 → やり取り → 書くこと

学習過程	生徒の活動、教師の指導と指導上の留意点
導入 1分	教員の身の回りで起こった事柄をペットの犬の写真を見せて、導入します。 T: Hello, everyone. Look at this picture.〈しょぼんとしている犬の写真を見せる〉What happened to this dog? Talk to your friends and share your opinion.〈間をおいて〉What do you think, S1? S1: I think this dog feels sad. T: Why do you think so? What happened to this dog?〈生徒が答えを言ってから〉Thank you, S1. Last night, I didn't take a walk with my dog. I felt sorry for my dog. Yesterday I had a lot of work to do. So, I came home late at night. Did you have to apologize recently, S1? S1: No.（この後にTがThank you.と伝えて次に移る。）
展開1 3分 聞くこと	(1) 必要な情報を聞き取る（教科書 p. 68、Model Conversation） ① 聞くことについて 　謝罪・弁解の文を発信するときに参考になる表現を聞きます。ここでは、サラに何が起こったのか、どんなやり取りが行われているか、不定詞がどのように用いられているかが聞き取りのポイントとなります。 ② 質問事項の提示 　ロイロノートのカード（No. 1）に質問事項を配付します（先生から生徒に送信します）。教室の前のホワイトボードにもそれを投影しておきます。 No.1 Listen to the audio and answer these questions. 1) What happend to Sara? 2) Why did it happen? T: Listen to the audio and guess what happened to Sara. Close your textbooks and listen to the audio.

	③ 聞き取りの確認：ペアで	
	T: Thank you. What happened to Sara? Make pairs and talk to each other.（どんな場合もお互いに話をすることから始めます。慣れるまではハチャメチャな英語でもOKとします。慣れてくると、英語に移行させたいところですが、クラスの雰囲気と生徒たちの成長により変わってくると思います。）	
	④ 聞き取りの確認：クラス全体で	
	T: What do you think, S2?	
	S2: I think Sara couldn't join the party.（何人かに同じ質問をします。もし、英文が理解できていないようなら、もう一度聞かせて、同じ質問を繰り返します。その後、次の質問に進みます。）	
	T: Why did it happen? Talk to your friend.〈しばらくしてから〉Thank you. What do you think, S3?	
	S3: I think...（この段階で答えが出てきても、出てこなくても構わないと思います。大切なのは段階的に理解できるようになることです。この対応で、生徒たちは安心して授業に参加することができると考えています。）	
	T: Thank you, everyone. Let's check today's conversation. Look at the script.（ロイロノートで配信したスクリプトを見せます。教科書には日本語訳が書かれているので、教科書はまだ使用しません。）	
展開2 5分 やり取りの 準備1	【Pre-Speaking（Interaction）】 ① やり取りに必要となる語彙と表現 　生徒は先ほどと同じリスニングをしながら、英文を読み、わからない表現があれば、ロイロノートで、生徒に配布している英文の該当箇所に下線を引きます。その後2分間で生徒たちには、ペアで互いに内容確認をさせます。（この時に机間指導を行い、生徒たちがどこに下線を引くかを確認し、後に取り上げる箇所をピックアップしておきます）。 T:〈2分後〉Time is up. Do you have any questions, S4? S4: I want to know the meaning of "I have too much math homework to finish." T: OK. I'd like to explain that later. How about you, S5?（いくつか、生徒の躓いている箇所を取り上げます。語彙の場合は理解していそうな生徒に聞いて、簡単な英語で説明します。）	
15分 やり取りの 準備2	② 不定詞の導入（教科書 p.68） ・後にアウトプットで用いる表現の一つとして学習します。 ・まずはロイロノートに用意していたカードを全員に配付し、例文を比較させることで、文法事項を確認します。生徒たちはロイロのカードに自分の考えを書き込みます。 ・すぐに答えを提示するのではなく、生徒が自発的に答えを見つけ出すことを大切にします。 T: Look at this card (No. 2). What is the difference between these sentences? Talk to your friends.〈様子を見てから〉Thank you. What do you think, S5? S5: I think the first sentence uses 現在進行形 and the next one uses 現在形. T: That's right. What is the difference between present tense and present continuous?（文法用語は段階的に教えていきます。生徒たちが英語で答えられなくてもそのまま続けていきます。この場合はそれぞれのイメージを掴ませてから、次のカード（No. 3）に移ります。）	No.2 2つの例文の比較① I am enjoying this class. I enjoy this class. No.3 2つの例文の比較② Everyone seems to be enjoying it. Everyone seems to enjoy it.

	T: Look at the next card. What do you think about these two sentences? Let's talk to our friends.（その後、何人かに意見を聞いて、不定詞の出来事が進行中であることを示すには不定詞の進行形を使うこと、また、様々な不定詞の例を簡潔に確認します。文法の説明に使用する時間は極力短くします。） T: Thank you. Now you can open your textbooks to page 68. Check the contents. If you have any questions, let me know.〈しばらくしてから〉Let's move on to the next activity.
展開3 15分 やり取り	【While-Speaking（Interaction）】：弁解の表現を使ったアウトプット 　目的・場面・状況　母が作ってくれた弁当を電車の中に忘れてきたことについて、なぜ忘れてしまったのか、次にどうしたいのかを説明するために友達とやり取りしている。 (1) 直前の説明 ・ペアで相手に謝罪し、弁解する場面を想定して話します。 ・必要とするやり取りには次を含めます：①謝罪の表現、②なぜそうなったかの理由の説明、③次にどうするか（教科書 p. 68 の Model Conversation を参照します）。 T: Look at the next card.〈ロイロノートのカード（No. 4）を配付〉First, think about this topic by yourself. You must give at least one reason for your excuses, and you have to talk about what you are going to do next. I will give you two minutes to prepare. If you don't have any ideas, you can use the next hints, or your iPad to look up those English expressions. **No.4 Make an apology and respond to each other.** A: I'm sorry (1)**I broke your mug last night.** B: Why? Let me know the reason. A: (2)**When I was playing with my dog Taro, suddenly he went under the table. So I hit the table and your mug fell off the table.** B: That's too bad. What are you going to do next? A: (3)**I would like to buy a new one. But I don't have the money for it, so I will do the dishes every day to get the money.** B: Sure. That's a good idea. （ロイロノートの別のカード（No. 5）を見せます。iPad を用いて、検索することは OK としています。） **No.5 Make an apology and respond to each other. examples** ・break your mug ・cancel the appointment at the last minute ・miss your party last night ・overcook the pancakes ・watch YouTube on my phone for too long ・forget the lunch you cooked for me (2) やり取り ① ペアワーク T: OK. Start this conversation with your friend.（生徒たちの様子を観察し、フィードバックを行います。気になる間違いなどは、拾い上げて全体に伝えます。） ② モデルの発表 T: Thank you, everyone. I want to listen to your presentations. Any volunteers? How about S6 and S7? S6: OK. We'll try. ... I'm sorry I forgot the lunch my mother cooked for me. S7: Why? Let me know the reason. S6: I had trouble sleeping last night, and as a result, I fell asleep on the train and forgot my bento on the train. S7: That's too bad. What are you going to do? S6: Please lend me some money. I'll give it back to you tomorrow. S7: OK.

	T: Thank you both. S6, I think you should tell us why you couldn't sleep last night. Then tell us what you are going to do with the money you borrowed. Please talk about it.(もう一度、生徒にその部分を話してもらいます。時間があれば、他の生徒にも発表をしてもらい、フィードバックを行います。) ③ "not to do" のやり取り 　"What do you want your friend not to do?" に関して、ペアで次の3点を含むやり取りを行う：①不定詞を用いること、②理由を述べること、③相手の意見について自分の考えを述べること（ロイロで次のカード（No. 6、7）を配付します。カードを見ながら説明をします。） **No.6** What do you want your friends not to do? 1) The first speaker talks about his/her ideas. 2) Take turns. 3) Tell whether you agree or disagree with your partner's opinion. 4) Explain the reason. **No.7** What do you want your friends not to do? | Your opinion | Your friend's opinion | Do you agree with his/her opinion? Why?/Why not? | T: Now let's discuss the following topic. What do you want your friends not to do? The important thing is to share your ideas and be sure to tell your reasons. You have two minutes to prepare. Don't look at your notes when you speak.（やり取りを観察し、終了後に全体にフィードバックします。）
展開4 10分 書くこと	【Post-Speaking（Interaction）】：謝罪と弁解のメールを書いて仕上げる。 > 目的・場面・状況　先生にレポートの提出期限を守れなかったことを謝るために、コロナに感染してしまったので、学校に行けなかったことなどを説明し、いつまでに完成できるかなどを書いて説明している。 　謝罪と弁解のメールを書き、ロイロノートで提出させます。不定詞を用いることと弁解のための理由を必ず書かせます。ロイロのカードを見せながら、指示していきます。論理的になるように、OREO（Opinion, Reason, Example, Opinion）の順で書かせます。（OREOは既習とします。） T: Next, write an email apology on your iPad. You have 10 minutes. You must submit it on your iPad. Look at the next card.（ロイロのカード（No. 8）を配付し、説明します。これまでに学習した内容を駆使します。ここではiPadを用いて検索し、ふさわしい場面などを探すことも許可します。ロイロで作成したものを提出させ、グループ内で共有します。） **No.8** Write an email of apology. 1) Describe the situation. 2) Give at least 2 reasons for the failure. 3) Use infinitives. 4) Write at least 40 words. 5) Use the OREO method.
まとめ 1分	・自分が失敗などをしたときの弁解などが、よく伝えられるように論理の構成や展開を工夫し、話して伝え合うことを習熟できたのかをグループで確認させます（何が、どうすることで、できるようになったかの確認が重要です）。お互いにできたことを必ず確認し、尊重する姿勢を忘れないことを伝えます。 ・宿題として、ロイロで作成したものが提出されてグループ内で共有されているので、peer review をさせます（誰のものをするのかを別途指名しておきます）。

7. まとめ

　論理・表現の授業は文法にこだわってしまうと、「話すこと［やり取り］」「話すこと［発表］」「書くこと」などのアウトプットの時間がなくなってしまう可能性があります。本時は不定詞がターゲットの文法項目として扱われていますが、必要最低限の情報をインプットするだけにしました。英語が苦手で英語を発信することに抵抗がある生徒にも、できるだけ負担なく、アウトプットをたくさんする時間がある授業にしたいものです。

Stage 2. 英語授業実践でのCLIL、ICT、UDL、PBLの模索

(1) CLIL

谷野：ターゲットを定めて使用場面を仮想的に与えることで学ばせる実践ですね。論理・表現においてCLILの4Csを意識して授業を立案することは非常に過酷です。この科目の特性上、cultureとcommunicationに寄りがちなところがありますが、「自主的に思考（cognition）する」仕掛けを生徒へしておられますか。

鈴木：今回の教材は、CLILを意識した実践はなかなか難しいものでした。教材の中で文法事項の配分が多かったので、どれを削り、どこを膨らませるのかが特に難しいところでした。日常的に「自主的に思考（cognition）する」仕掛けは最も大切にしていることの一つです。教材を料理し、教えすぎない、答えをすぐに与えない、答えが多岐にわたっても構わない、そういうものを用意します。アウトプットの場面では必ずこの仕掛けです。そのために大切にしているのは、仲間を信じて受け入れる環境を整えることです。様々な考えがあり、それをお互いにリスペクトすることは「自主的に思考する」環境を作る上で大切だと信じています。

> TIP：文法項目は取捨選択し、思考を深めてアウトプットできる活動を計画しましょう。

谷野：論理・表現の授業は文法知識の注入と英語の表現の丸暗記という授業内容では単調になりがちですが、鈴木先生はコミュニケーション活動を中心としておられます。「文法知識」と「英語の表現」以外を育成するために意識しておられることはありますか。

鈴木：授業では、リスニングとスピーキング中心の授業をしています。文法知識は、テキストで使われている範囲しか教えていません。リスニングについては短めのビデオに始まり、大体5〜6分の教材を2つ用います。知識を高めるためには、語彙や表現を別の表現に直して話させたり書かせたりします。要約も英語でそのまま話させて、その後、書いて、グループ内でチェックし、完成したものをロイロで提出させます。能力を育成するという点においては、各ユニットが終わった時に、グループで発表を行います。発表の準備を行うことで、他と協働して答えのない問いを考える能力を育成することがで

きると私は考えています。トピックについては、例えば「健康」についての発表のタスクは "Give a group presentation to the whole class about an idea for a health product or program." でした。この中に、既習の文法事項や表現は入れること、制限時間、全員が話さなければならないということは指示しますが、その他は自由です。発表させる時には生徒たちにたくさん質問し、その内容を確認するようにしています。生徒たちが互いに英語で質問し合うことはなかなか難しく、今後の課題でもあります。

TIP：グループでの発表をゴールとして段階を踏んだ協働学習を設定しましょう。

(2) ICT

米田：まず本時でのICTの環境と、実施された事例を教えていただけますか。

鈴木：全教室はWi-Fi環境で、プロジェクターがあり、各生徒はiPadを1台持っています。授業で私が板書することはほとんどありません。教材作成はPCを用いますが、授業はiPadとアップルペンシルです。今回は文法の説明時間を短縮しています。

米田：ロイロノートをうまく活用して事前に資料を生徒に配付されていますね。

鈴木：シンキングツールのプロット図に、そのユニットの計画のすべてを入れたものを生徒の「資料箱」に入れておきます。生徒たちは自分で授業の準備をします。1時間の授業内容がわかるようになっています。

TIP：デジタルで計画を示して見通しを明らかにしましょう。

米田：授業では文法説明の時間の短縮が可能にもなっているのですね。

鈴木：ずっと以前は教室前後の黒板を使って英文を書いて説明していましたが、今はその必要が全くなく、その結果、アウトプットの時間が授業の中心になりました。

TIP：デジタル教材を活用して授業時間を有効に活用しましょう。

米田：授業と課題をうまくiPadで使い分けておられますね。

鈴木：授業にCDデッキを持ち込む必要がなく、使う動画やリスニング等のすべてをその場で生徒と共有することができます。宿題もすべてiPadで完結するので、紙の用意はなくなりました。あと、心がけていることは、授業内で話させたいことや書かせたいことは授業内で完結させます。家庭学習でもよいものは、家庭でしてもらいます。

米田：発表までのICT活用の取り組み方を紹介してもらえますか。

鈴木：英語学習にICTはなくてはならない存在になりました。私個人としては、これがないと授業ができません。生徒たちの学びのスタイルも、私自身の授業スタイルも、大きく変わりました。また、AIを積極的に使い始めました。生成AIは今や私の秘書のような存在です。生徒たちにも文部科学省のガイドライン（暫定版）にもとづいて原稿作成などにうまく活用しています。条件として、授業内でそれを見ずに発表したり、突っ込まれ

ても答えられるようにしておいたりすることとしています。発表後には、作成した英文をお互いにチェックしたり、話した内容について意見交換などをしたりすることもあります。

米田：校内外でICTを効果的に使っておられますね。

| TIP：発表までの過程をICTで効率化し、発表後のやり取りを充実させましょう。 |

(3) UDL

森田：文法や英文構造を説明される際、ICT機器の活用やその説明方法など、授業等で留意されていることを教えてください。

鈴木：中学で学んだ既習の文法事項を、ワークブックやオンライン学習教材などを活用して復習し、その後に繰り返して、アウトプット活動で定着を図っています。文法的な説明を要する時は、いくつかの英文から正誤を考え、生徒へ発問しながら、ディスカッションをしています。iPadを1人1台持っていますので、生徒はリスニングの音源をそこから聞くこともできますし、ライティングの際は、相互に添削し、気づきを促すようにしています。

森田：ICT機器を有効に活用しながら、個の学びを尊重しておられますね。

| TIP：生徒個別の学習を効果的に促進できるようにICTを適切に併用しましょう。 |

森田：アウトプット活動に関するお話がありましたが、生徒にアウトプット活動を課す際、留意されていることはありますか。

鈴木：最も大切にしていることは、間違えても大丈夫という安全・安心な授業環境です。すなわち、生徒が互いに思いやり、尊重できる関係性を構築することです。どのような表現をしても否定することなく、「こう表現すると、さらに良くなるよ」といった声かけをしています。スピーキングでは、ペアやグループで取り組み、適切に支援をしながら、スローラーナーにも寄り添っています。ライティングに関するフィードバックをクラス全体に向けてするときも、ロイロノートで生徒が提出した成果物を全体で共有して褒めたり、さらに良い表現とするにはどうすればよいかを生徒へ発問したりします。

| TIP：アウトプット活動では、生徒に合わせて多様な方法を活用しましょう。 |

森田：スローラーナーに対する一斉授業における支援を具体的に教えてください。

鈴木：50分の授業時間内で、必ず一度はスローラーナーのもとへ行き、ゆっくり、簡単な英語で説明したり、必要に応じて日本語で学習内容や定着度合いを確認したりしています。教室における当該生徒の心理的安全を担保しながら、視覚支援等を用いて、インプットの情報量を調整しています。

森田：スローラーナーの自己肯定感を高めながら、温かく中長期的な成長を促す視点で、生徒

と向き合っておられる姿勢に共感します。

> TIP：生徒の実態に応じた多様なアプローチを組み合わせましょう。

(4) PBL

藤澤：アメリカ・サンディエゴにあるPBLの先進校ハイテックハイが出している教員向けガイドブック（Patton & Robin, 2012）では、教室が心理的に安全な場であり、気兼ねなくお互いの作品を批評できることがとても重要だと指摘されています。鈴木先生は、学ぶ場としての教室を安全・安心な場にするために授業でどのような工夫をしておられますか。

鈴木：安全・安心な学びの場というのは、すべての授業で最も私が意識していることです。なので、生徒たちにかける言葉や立ち居振る舞いなどすべて考えて行動するようにしています。授業内では、ほぼ、ペアかグループ活動が中心となっており、個人で答えさせても大丈夫な生徒には答えてもらうこともありますが、その前には必ず、友達と答えを確認させるようにしています。ペアも変えて活動したりします。

藤澤：教室文化というのは、このような思いの上に形成されていくのですね。

> TIP：生徒どうしが安心して自分の思いが表現できる心理的に安全な空間を作りましょう。

藤澤：今回の授業案では、最後に謝罪と弁明のメールをロイロノートで提出させるタスクを設定されています。このようなICTツールをさらに活用することでPBLの成果物作成の幅が広がると思うのですが、具体的にはどのようなものが考えられるでしょうか。

鈴木：そうですね。例えば、書いた原稿を基にしてショートムービーを作成するのは面白いと思います。それから、自分たちの意見がインターネット上で注目されるような一枚絵の広告形式で作成するのも楽しそうです。

藤澤：ICTツールを使うことで、創作意欲がかき立てられる成果物の制作が可能になりますね。

> TIP：ICTは大きな味方！常に活用の可能性にアンテナを張っておきましょう。

鈴木：また普段から「答えのない問い」を大切にしています。生徒たちがどのように考え、皆と協力してその答えを考えることができるかという過程がとても大切だと考えています。これは数年後、日本の将来を担うリーダーとなるために必要な能力だと思っています。

藤澤：これはまさに、PBLで大切にされている本質的な問いですね。時代を超えるような洗練された問いは、生徒の学びを深いものにするエンジンになると私も考えています。

> TIP：プロジェクト中に思わず考え続けてしまう本質的な問いを設定しましょう。

Stage 3. ここに注目！授業のまとめ

　論理・表現は、話すこと及び書くことの発信力を強化するための選択科目です。論理・表現Ⅰの「話すこと［やり取り］」イは、（英語コミュニケーションⅠとの比較で明らかなように）学習指導要領の目標に「ディベートやディスカッションなどの活動」と大仕掛けに見える具体的な活動が明示されている点（とはいえ、「など」とありますのでこれ以外の活動も可と読み取ることができます）と、「論理性に注意して」と論理を前面に出している点に注意が必要です。

　「英語がそれほど得意ではない生徒が多いクラス」と設定されている鈴木優子先生の授業は、いわゆるスローラーナーに配慮した、支援豊かな授業です。また、生徒全員が目標を達成するために、「活動の繰り返し」（帯活動やグループワークを含む）を取り入れられていて、深い学びに繋がっていると思います。文字優位よりも音声優位であることはスローラーナーに見られがちな傾向です。そのため、口頭でのやり取りは、取り組みやすいとなるのでしょう。加えて、ロイロノートを使うという前提に設計された授業ですので、Z世代の生徒たちには心地よい授業となっているのかもしれませんし、お弁当を忘れてしまったという高校生あるあるの場面設定で、内容的にも取っ付きやすい授業になっていると思います。さらに、やり取りの直前の説明で、やり取りに含める要件（①〜③）を明示して、論理性に注意するようにして、論理を前面に出させるちょっとした仕掛けがきっちりとあります。

　CLIL × ICT × UDL × PBL　CLILについては、"What do you want your friend not to do?" の活動では、やり取りに含める要件の3点として、言語材料としての不定詞、自分の考えの理由、他者の意見への反応を明示して、思考を深めることに成功しています。ICTでは、事前にファイルを共有しておき、短縮された時間をアウトプットに使うことで生徒も学んだことを実感できるのだと思いますし、生徒が主体的に学習するための動機づけの仕掛けがきちんと準備されています。UDLについては、安全・安心な学習環境にも配慮され、生徒は安心してアウトプット活動に取り組める点が魅力的です。スローラーナーへの支援は、授業ではなくてはならない視点であり、他の生徒にとっても有効なアプローチとなりますし、どのようにアプローチすれば、すべての生徒の理解が深まるのかを考えておられる授業です。また、PBLの重要な視点がたくさん含まれている授業だと感じました。教室が自分のことを受け止めてくれるだろうという安全・安心な場であることで、生徒は自分を表現することができるようになる、だから発話の量が多く質も高くなるという授業デザインには強く共感します。この場の安全性がベースとなり、PBLにおいても、お互いの建設的な批評にも耳を傾けることができ、結果として質の高い学びが実現されています。

4	論理・表現Ⅰ	「書くこと」ア
岩瀬俊介	数研出版 EARTHRISE English Logic and Expression I Advanced, Lesson 12	

> 英語力は英語を「使う」ことを通して身に付きます。授業では「使う」機会を用意し、生徒が前向きな気持ちで取り組めるようにします。英文矯正ツールを利用し、生徒どうしのフィードバックの後、教員からフィードバックを行います。育成すべき能力を発展的に用いる課題を課し、家庭学習に繋げます。

Stage 1.「主体的・対話的で深い学び」の授業案

1. 単元目標

ノーベル賞受賞者を具体例として、自分が最も尊敬する人を理由とともに紹介することができる。また、AIが社会にとって有益かどうかについて理由を加えて伝えることができる。最後に「AIが社会にとって有益である」というお題で短めのディベートを体験して、論理的に意見を述べるために大切なことを意識することができる。

2. 単元の指導計画 全5時間

第1時	・CAN-DOリストの読み合わせと単元のゴールを確認する。 ・扉絵の活動を使用して、ノーベル賞についての背景知識の活性化を行う。 ・モデルダイアローグの理解と基本的な表現に取り組み、話すこと［やり取り］の活動を行う。
第2時	・関係代名詞を使った文をパタン・プラクティスで使えるように練習する。 ・自分の選んだ人物についてのプレゼンテーションをペアで行う。 ・他者のプレゼンテーションに対してフィードバックをする。
第3時（本時）	・TASK 1 モデル英文の分析を行い、50語程度のパラグラフを理解する。 ・TASK 2 最も尊敬する人物について50語程度のパラグラフを書く。 ・グループで作品を読み合い、それについて話し合い、改善する。
第4時	・AIが社会にとって利益があるかどうかについて自分の意見を述べる。 ・教科書 p.101 を用いてディベートの行い方の導入を行う。 ・簡単なディベートを体験する。
第5時	・単元全体の振り返りを行う。 ・関係代名詞の用法などについて整理を行う。 ・関係代名詞を使用した演習を行う。

3. 教材観・生徒観・指導観

　本単元は、人物紹介がメインテーマで、全体を通して日本人ノーベル賞受賞者を具体例として、教科書の例をinputとして取り込み、それを模倣して英語を書くことへ導いています。また、その書いた英文を用いた話すこと［やり取り］と話すこと［発表］の活動も用意されていて、まだ基礎力が十分でない生徒でも書くことができるよう足場かけが丁寧に設定されていることが特長です。

　本時は、教科書本文の対話例や発表例を模倣して作成した英文を活用し、さらに多くの英文を話したり書いたりする活動を設定しました。発展させていく中で、語順や文法構造を生徒たち自身に気がついてもらえるような工夫も特長です。

Report

The person I admire most is Dr. Yamanaka Shinya, **who** won the Nobel Prize in Physiology or Medicine in 2012 for developing human iPS cells with his team. Their achievements have helped improve medical technology. Dr. Yamanaka is a scientist who works very hard to help many patients with the technology he developed. I want to be a scientist like him.

Task1 Analyze the passage.

Overview
・What is the main topic of this passage?
　..

Contents
(1) Who is Dr. Yamanaka? ....
(2) Why was he awarded a Nobel Prize? ....
(3) What kind of scientist is he? ....

Key Expressions

・I admire *Dr. Yamanaka Shinya*, **who** won the Nobel Prize in Physiology or Medicine in 2012 (*l.*6)
⇨「人」を表す名詞に補足的に説明をつけ加える場合、関係代名詞 who の前にコンマ（,）を置く。名詞が「物」の場合は、which を用いる。
　　cf. He is *a scientist* **who** works very hard to help many patients. (*l.*10)
　　　　－コンマがつかない場合は、前の名詞の意味を限定する。

［数研出版 EARTHRISE English Logic and Expression I Advanced（R6年度）］

Task 2 Fill in the chart with your answers to the questions about someone you admire. It can be someone famous like an athlete or actor, or just someone you know well.

① Who is the person you admire most?	The person _____.
② Say more about that person.	He/She is _____ _____.
③ Why do you admire him/her?	I admire _____ because_____ _____.

Goal Writing → See pages 99-100

Use the above notes to write a report about the person you admire most in about 50 words.

Report

The person I admire most is _____
_____
_____
_____

［数研出版 EARTHRISE English Logic and Expression I Advanced （R6年度）］

4. 本時の目標

　自分が最も尊敬する人物について、使用する語句や文、事前の準備などにおいて、多くの*支援を活用すれば、基本的な語句や文を用いて、情報や考え、気持ちなどを論理の構成や展開を工夫して自分が最も尊敬する人物を紹介する文章を後輩に書いて伝えることができる。

　＊支援とは先輩が書いた見本、段階別のタスク、他者との対話、教員からのフィードバックをさします。

Ⅳ 実際の授業での展開例

5. 本時の評価規準

A 知識・技能	B 思考・判断・表現	C 主体的に学習に取り組む態度
〈知識〉 情報や考え、気持ちなどを論理の構成や展開を工夫して、書いて伝えるために必要となる関係代名詞を理解している。 〈技能〉 自分が最も尊敬する人物について、情報や考え、気持ちなどを論理の構成や展開を工夫して文章を書いて伝える技能を身に付けている。	後輩にわかりやすく伝えるために、自分が最も尊敬する人物について、情報や考え、気持ちなどを論理の構成や展開を工夫して文章を書いて伝えている。	後輩にわかりやすく伝えるために、自分が最も尊敬する人物について、情報や考え、気持ちなどを論理の構成や展開を工夫して文章を書いて伝えようとしている。

6. 本時の展開 ― 論理・表現Ⅰ／「書くこと」ア ―

> パラグラフ理解（モデルを理解する）→ 質問に答える → パラグラフを書く → 発表 → フィードバック（クラスメイト、教師）

学習過程	生徒の活動、教師の指導と指導上の留意点
導入 8分 帯活動	① 帯活動 T: Today, we will begin by playing "Who am I?". I'll send half of this class the answer. Try to explain it to your partner. 　帯活動の狙いは2つです：①慣れた活動で英語での活動をする雰囲気作り、②既習事項を繰り返し使用する場面を設けて学んだことの定着。本単元にはこの "Who am I?" が活動として載っているため、中学校の頃に行ったであろうこの活動をします。 　ここではロイロノートや Google Classroom を使って半分の生徒にだけ答えを送り、口頭で説明をしてもらいます。正解がわかった際にも ICT で答えを送ることで、よりゲーム性を高めて盛り上がることを狙いとしています。
展開1 TASK 1 p. 78 10分 パラグラフの理解（モデルを理解する）	TASK 1 モデル英文の分析を行い、50語程度のパラグラフを理解する。 (1) 本時の目標を伝える。 T: The aim of this lesson is to be able to introduce the person you admire most to your juniors in your junior high school. They will vote for the most impressive introduction. Try to make your introduction impressive. (2) モデルで Key Expression の導入をしてパラグラフの書き方を学ぶ。 T: Ken, who is a senior student at your high school, introduced a person he admired most last year. Read Ken's report and answer the questions below. 〈個人で考える時間：3分〉Get into pairs and find the answers to these questions（次の Overview Question と Contents Questions）. You have three minutes.

Overview Question	Contents Questions
・What is the main topic of this passage?	(1) Who is Dr. Yamanaka? (2) Why was he awarded a Nobel Prize? (3) What kind of scientist is he?

> これらは教科書の p.78 にあります。

(3) Overview Question と Contents Questions の確認をする。
① Overview Question の確認（パートナーとの 3 分間の後）

T: Time is up. Stop talking. What is the main topic of this passage, S1?
S1: Dr. Yamanaka Shinya ... the Nobel Prize ... the person I admire most.
T: Good. Thank you. Is it "the person I admire most?" "Do you admire Dr. Yamanaka most? Who admires Dr. Yamanaka most?
S1: Ken.
T: That's right, not you but Ken, right? So, I'll ask you one more time. What is the main topic of this passage?
S1: Ken admires Dr. Yamanaka, who won the Nobel Prize in Physiology or Medicine in 2012 for developing human iPS cells with his team.
T: Yes, that's right, good! But maybe it's a little too long to call this whole sentence the main topic. What do you think Ken wants to tell the reader most? Is it that Dr. Yamanaka is the person he admires most? Or is it that Dr. Yamanaka won the Nobel Prize? Or is it that he won it in 2022 ...
S2: He admires Dr. Yamanaka.
T: Right. The main topic is that Dr. Yamanaka is the person he admires most.
T: Now let's move on to the contents.

② Contents Questions の確認
(1) Who is Dr. Yamanaka?
S1: He is a scientist who works very hard to help many patients with the technology he developed.
T: Yes, that was also written in Ken's passage, but would you answer like that when you are asked this question by someone? What will you answer first when someone says to you, "Who is Dr. Yamanaka?"?

> ここでさっと答えが出てきたら、その答えを生かしながら、関係代名詞の非制限用法（継続用法）について簡単に解説します。答えが出てこない場合は、ここから日本語に切り替えます。生徒が理解していないままずっと英語で進めると、生徒は苦しい思いをするだけです（教科書の解説を簡単に読み上げて、制限用法と非制限用法との違いを付け加える程度に解説は抑えます）。

(2) Why was he awarded a Nobel Prize? と (3) What kind of scientist is he?
T: Let's move on to No. (2): (2) Why was he awarded a Nobel Prize?
S3: iPS!
T: Can you say it in a sentence?
S3: He won the Nobel Prize in Physiology or Medicine in 2012 for developing human iPS cells with his team.
T: Good, you found where it is written. So, the question was "Why was he awarded a Nobel Prize?", and then you should answer ...
S3: Uh ...

T: He was awarded ...
S3: He was awarded the Nobel Prize for developing human iPS cells with his team.
T: Great! Perfect. Class, let's repeat the answer together. *He was awarded a Nobel Prize for developing human iPS cells with his team.*
Ss: (Repeat)
T: What about No. (3)?：(3) What kind of scientist is he?
S4: He is a scientist who works very hard to help many patients with the technology he developed.
T: That's right. He works all day long so that he can help patients. He uses the technology he developed. What is the name of this technology?
S4: iPS cells!
T: That's right.〈一呼吸おいて〉ここで改めてケンの文章の仕組みを確認しましょう。

第1文：長めの文であるが、山中教授の活躍の内容も含めて1文目で紹介しているね。関係詞を使うと、このように1文ですべての情報を書き尽くすことができるんだ。

第2文：山中教授たちの成果がどのように役に立っているかの追加情報を加えているね。

第3文：さらに詳しく山中教授のどういうところを尊敬しているかを紹介しているね。ここでも関係代名詞を使うことで情報を多く加えることが可能であることを確認しよう。

第4文：ここで自分の意志表明をしているね。最後に自分がどう思うかを付け加えることで、自分にとってどれだけ尊敬しているかを説明しているんだ。このように1文目の主張に対して追加情報を2度加えて最後に意思表明をすることで、説得力があるパラグラフが書けるようになるよ。

> その後、音読を複数回行い、ケンの発表内容を intake し、関係代名詞を使った文を書く準備を行います。なお、音読は以下の段階を意識して、生徒の状況に合わせて選択していくとよいでしょう。
> ① 音声と文字を一致させる段階…一斉で Listen and Repeat（音声の後に繰り返す）
> ② チャンクで表現を取り込む段階…Chunk by chunk（徐々にチャンクを長く）
> ③ 抑揚や間なども一致させていく段階…Overlapping（見本音声に重ねて読む）
> ④ 文レベルで取り込む段階…Read and Look up（文を見た後顔を上げ発話）
> ※1人1台端末下では、②や③は個人での作業とすることで、学力差がある中でも一人ひとりに合わせたレベルでの音読活動が可能となります。

展開2 TASK 2 p. 79 12分 質問に答える	TASK 2 最も尊敬する人物について50語程度のパラグラフを書く。 【Pre-Writing】 　取り込んだ英文をすぐにそのまま使う体験を通して、言語材料などを自分の言葉として使えるように少しずつステップアップすることをめざします。ペアで書く内容を共有してから個人で書き始めることで、英語が苦手な生徒は、教師からのフォローの機会が見込まれ、また、アイディアが広がることが期待できます。なお、初期の指導では、モデル文から英単語だけを一部入れ替える形で英文を作成するようにし、徐々に生徒自身の言葉による表現を増やすことでステップアップするように促します。 T: You are going to write a paragraph about a person you admire most. First, get into pairs and share your ideas with your partner. Now, fill in the blanks in Task 2 and outline your essay.〈10分程後、書き上がった頃に〉Get into groups of four and try to brush up on your sentences.

> ・お互いの英語を見合いながら文法的な誤りや、もっと良い言い方などをピア・フィードバックします。その際、1人1台の端末を使用し、辞書やその他の翻訳ツールなどの使用も許可します。文法の誤りに特化したアプリもあるため、それを利用することで、生徒たち自身で誤りとその理由を確認する時間となります。使えるツールはその使い方をマスターすることが大切だと考えるため、たくさん使うことを推奨します。
>
> ・4人組（4人のグループ）にする理由は、2人組だと個人の学力差が大きかったりすることがあるためです。4人いれば1人は英語力が高い生徒が含まれる可能性が高まるため、このような活動は4人で行うようにしています。

> ・ここで細かい修正や解答確認をしてもよいのですが、生徒は正確性の意識が強くなり過ぎてしまう恐れがあります。できれば、後にここで書いた英文をさらに見直して、もう一度書く機会を設け、英文の振り返り等をすることが大切です。

p.79
10分
パラグラフを書く
Goal

【While-Writing】個人で執筆

T: You are going to write a report about the person you admire most in about 50 words. Use the notes you have made in Task 2 . Your juniors are going to read your report and vote for the most impressive introduction, so try to introduce as much as you can about why you admire that person, and what you have learned.

> 目的・場面・状況　山中教授の功績を理解した今、ある人物を尊敬する理由やその人物に学んだことなどを良き先輩として後輩にわかりやすく伝えるためにレポートを書いている。

T: You are going to write on your own for 10 minutes. You can use your dictionary but try not to use the translation app at the beginning. Use it just to check if your sentences are correct.

> ここで、いよいよ本時の目標である書くことの活動に入りますので目的などを確認します。授業の初めに確認したことですが、生徒たちは様々な活動を行い、目的などを忘れていることが多いです。ここで場面・状況を適切に表現した写真などがあると、生徒によっては入り込みやすいようです。言葉よりも、それを表現した写真などの方が効果は高いです。
>
> また、パラグラフを作成する際は、まず初めに主張を書いた上で、その理由を書くように指導します。その理由をサポートする具体例や説明を加えて最後に改めて主張を書きます。その方法として OREO や AERA などが有名です。

p.79
5分
発表

【Post-Writing】
① グループで読み合わせ

T: Get into groups of four and share what you have written with your group members. Give your group members advice on both the content and the form. アドバイスは肯定的な内容や代替案を一緒に考えてみよう。

> 「展開2」冒頭と同様に、グループ内で気づいた誤りや内容のブラッシュアップをします。メンバーが多様な英語力に分散するように、席順を決めておくとよいでしょう。

フィード バック	② 各グループの代表作品の発表と他グループからの質問や感想の共有 　ここで、各グループの代表者に作品を口頭で順番に発表してもらいます。発表に対して、他グループから質問や感想を述べてもらいます。その上で、最も良いと思った紹介を投票してもらうことで生徒の書くことへの動機づけが高まるでしょう。 ③ 教師のフィードバック 　ここでは、パラグラフ内の文と文の繋がりや論理に注意をしながら生徒の答案を例にフィードバックを行います。特に良く書けているものを取り上げ、肯定的なフィードバックを中心に行います。例えば、理由などが書かれた後に、さらに具体例や説明が付け加えてあるものを提示し、より説得力をもたせるためにどのように展開するのがよいのかを紹介します。より良くするために何を付け加えるかなどの例を紹介しながら、生徒自身が自分で繋がりを意識するように指導を行うことがポイントです。 > 翻訳アプリや文法矯正アプリの使用を一切禁止しているケースもあると聞きます。しかし、書き終わった英文の調整には非常に役立つツールですし、生徒は、将来、実際に英文を書く場面で使うことが想定されます。禁止していては生徒が必要なスキルを身に付ける機会を奪うことになる可能性があります。したがって、生徒には、アプリを使うべき場面と使うべきでない場面を教えることと、どのように使っていくかの指導が大切だと考えます。論理・表現でライティングに取り組み始める段階から使用すると、自分自身で英語を書く体験を持てず、大学受験に対応する力などの育成に繋がりません。自分で書き上げた原稿を授業時にアプリを利用して修正原稿を出力させます。その結果に関して生徒からの質問を受けるようにすると効果的です。
まとめ 5分 振り返り	① 本時に学んだことを共有する。 ・関係代名詞を使って人や物を文で説明する方法について学んだこと。 ・トピックセンテンスで、まず初めに紹介したい人を提示し、その後に理由を付け加えることでその紹介したい人がより強調されること。 ・その理由に具体例や説明を付け加えるとさらに説得力が増すこと。 > 振り返りは、ペア活動で行う方法や、個人で振り返りシートを使って書く方法などが有効でしょう。しかし、授業時間によっては、教師が本時で学んだことを口頭で伝えることしかできない場合も多いのが正直なところです。限られた時間で何を優先するかを選択し、どの活動は生徒主体でじっくりと取り組ませるか、どこは教師が伝えてしまうかについては、日々頭を悩ますところです。生徒の状況やその他のバランスを考慮して最適と思われる方法を模索していくとよいでしょう。 ② 学んだことを別のトピックで応用する課題を家庭学習とする。 ・"An item that is very useful" というお題で、自宅にある便利グッズの一つを紹介するパラグラフを、なぜ便利かと、どう使うかの例を OREO（既習という設定です）で書く。 > 論理・表現の授業は授業回数が少ないため、学んだことに繰り返し出会う工夫が大切です。よって、私は授業で学んだことを実際の生活で利用するような課題を出すようにしています。今回は授業内では人を紹介したため、敢えて物にして which を使って書く練習をしたいと思います。また、自宅にある便利グッズという、ちょっと人に伝えたくなる内容にすることで、生徒の課題への取り組みを促進することも狙いとしています。

7. まとめ

　インプットした英文をインテイクし、それらを生かしながらライティングへと繋げる授業の実践です。その際、教室でしかできないこととして、「翻訳アプリを使用しないで自分で英文を書くこと」と「他者との対話を通してより良い英文を作れるようになること」の2点があります。自宅で書いてきてもらうライティングは本人が書いたのか、アプリを使ったのかがわかりにくいため、必ず授業内で実際に書く時間を設けることが大切です。また、それをクラスメイトと見返しをさせる中で、英語の文構造に意識が向かったり、どこにどのように気をつければよいかを少しずつクラス全体でわかるようになったりと、段階を追って指導しています。英語が苦手な生徒にとっては1文を書くハードルが非常に高いため、モデル文を使用しながら繰り返し書く作業を通して、状況に応じて適切な文の書き方を一つひとつ取り込むことが目標になります。一方、基礎的な英文を書く力が身に付いている生徒に対しては、論理的に説得力のある文章の書き方の指導が大切です。

Stage 2. 英語授業実践でのCLIL、ICT、UDL、PBLの模索

(1) CLIL

谷野：短時間で多くのインプットとアウトプットとボリュームがあるご実践ですね。また、教科書本文のcontentを活かして活動を組み上げておられますね。教科書本文よりさらに発展させたcontentを扱おうとする際に注意されている点はありますか。

岩瀬：各単元のcontentについて詳しくなることで、指導者自身がその単元の指導が楽しくなることをこれまで何度も経験してきました。以前であれば、図書館から関連する書籍を借りて、その単元の内容の背景の出来事や面白いエピソードを見つけることから教材研究を始めていました。しかし、近年、様々なデジタルツールを使うことで、上記のことを代用できるようになりました。ChatGPTなどの生成AIとの対話を通して、それらを知った後にオンライン百科事典等でfact checkをして、授業に生かすようにしています。その際の注意として、どんなに興味深い情報でも、捨て去る勇気をもつことです。情報過多な授業では生徒は混乱して、授業の狙いがぼやけてしまうことがあります。

谷野：教科書はどうしてもcontentが薄くなりがちですが、それを補完しつつ生徒に興味を持たせる材料にしてしまうということですね。生徒の消化不良を避けるために、取捨選択を行うというのも重要ということですね。

> TIP：生徒が興味を持ちやすいように、必要なcontentを補完しましょう。

谷野：岩瀬先生は、生徒の「まとまった英文を書く能力」の向上に強くこだわっておられることが授業案から見受けられます。正しく説得力のある英語を書かせる上での足場かけが

重要であると考えます。岩瀬先生が授業の中でどのような足場かけを意識しておられますか。

岩瀬：見本を見せると、それに生徒が寄せてしまって独創的な英文が生まれにくくなると感じているため、できるだけ見本は見せないで書いてもらいたいところです。しかし、その場合、手が動かなくなる生徒が出てきてしまうことを課題に感じています。近年では、見本をChatGPT等の生成AIを活用して生徒自身が生成することも可能になっているため、目的や狙いを生徒に伝えた上で、最適だと思うサポートを受けながら、自分自身で英文を作成する力を養うような取り組みを増やしているところです。

谷野：プレゼンテーションやライティング指導をする際に、見本を見せるかどうかのジレンマは私も日々感じています。

TIP：目的や狙いを踏まえた生成AIのサポートなどの導入も検討しましょう。

(2) ICT

米田：普段の授業で使用されているiPadの活用方法を教えてください。

岩瀬：帯活動のinformation gapでスピーキングを活性化させています。生徒がGoogle Drive内のA列とB列というフォルダに各自アクセスして活動します。活動終了後に相手の列の情報を互いに確認させます。

米田：注意点はありますか。

岩瀬：相手の情報を見ることができてしまうので、通常の教科書の巻末にギャップのインフォメーションが掲載されている時と同様に、いつ相手の情報を見てもいいのかの確認や指示をすることが大切です。

TIP：目標や状況に応じてICTを利用するか、アナログで行うかを判断しましょう。

米田：ライティング活動でのICTの効果的な使用方法を具体的にお知らせください。

岩瀬：生徒の解答の共有方法の分類です：①匿名性を確保したい → Padlet、②きちんとフィードバック → Google Classroom、③短時間に並べて答え確認 → Google Form。

米田：うまく工夫されていますね。生徒たちもわかりやすいでしょうね。

TIP：有効なアプリやサイトの使い方について知り、どの場面でどのように使用するか計画しましょう。

米田：今回の授業以外の授業でのICT活用の事例をご紹介ください。

岩瀬：Kahoot!、Quizlet、Blooketなどでゲーム性を持たせて学習意欲を高めています。前時の復習にKahoot!を、語彙の学習推進にQuizletを使用しています。

米田：このようなアプリを用いるときの注意点はありますか。

岩瀬：どうしても一斉学習に繋ることです。こちらで範囲を決める必要性があり、個別最適な

　　　　　課題に取り組みづらくなりますね。また、今年からabceedというアプリを使用し、生徒がアプリを使用した時間、学習内容、吹き込んだ音声なども確認できるようになりました。音声を使用した英語学習の管理ができるようになり、助かっていますが、生徒の主体性が課題となっています。教師が管理する学習から主体的学習へという時代の流れもあり、どれくらいやるの？　それでいいの？　という指導スタイルに変更したという背景もあり、今後、学校としてどのツールを全生徒に課すか、学校が生徒の学習にどの程度関与するかを考えていきたいと思っています。
米田：生徒がやらされる学びではなく自分のための学びに学校がどのように関わっていくか、授業がどういう役割を果たすかというところですね。

TIP：自己学習用にデジタル教材を生徒が効果的に使えるように準備しましょう。

(3) UDL

森田：授業で生徒が知識・技能等を身に付けるために工夫していることはありますか。
岩瀬：授業では、活動を通して、総合的な英語力を高めることに重点を置いています。特定の活動前に、その活動の意義を口頭で繰り返し伝え、言語活動を繰り返すことで、少しずつ「できる」を実体験できるような授業構成を意識しています。
森田：言語活動と指導を繰り返し、そのバランスも考え、授業を作っておられますね。また、言語活動の意義を確認しながら、粘り強く反復し、生徒の力を伸ばしている取り組みに共感します。

TIP：生徒の学習定着と自己肯定感を高める授業を設計しましょう。

森田：生徒の英語学習の動機づけを高めるために、授業で心がけていることはありますか。
岩瀬：英語を通してコミュニケーションを図ることの楽しさや、英語ができるからこそ知ることができることなどを、できる限り多く、授業の中に盛り込むようにしています。同時に、私自身、非常に課題に感じている部分でもありますが、教員自身が、英語学習を楽しんでいる姿を示すことも意識しています。
森田：教員自身が学習者として、生徒とともに楽しみながら学びを深める姿勢は、非常に大切ですね。授業の中で生徒が課題や問題の難易度を自ら選択して取り組むことのできる工夫や、具体的な学習方略のアドバイスなどを組み合わせることで、さらに生徒のモチベーションが向上しますね。

TIP：学習の動機づけ向上のため、授業の中で生徒が自己決定できる場面を作りましょう。

森田：英語を書くことが苦手な生徒へ、どのように指導していますか。
岩瀬：生徒の実態を適切に把握しながら、授業の中でパタン・プラクティスなどの活動を多く取り入れています。同時に、英作文においても、次のような指導をしています。「まず

は名詞だけ 1 か所代えて、書いてごらん」から始め、動詞を代えるようステップアップしたり、2 か所以上を代えてみたりするなど、徐々に難易度を上げて、生徒をサポートしています。また、生徒各自で復習や見直しができるように、デジタルを活用した教材の共有を心がけています。

森田：適切に生徒の学習ニーズや学習状況を把握しながら、個の学びにも対応なさっていますね。生徒の学習定着度は異なりますので、形成的評価等から各生徒の学習定着度を見取り、個の学びを尊重しながら、協働することのできる工夫の継続が大切ですね。

TIP：生徒の実態に応じた段階的な支援で、英語を書く力を伸ばしましょう。

(4) PBL

藤澤：今回のタスクは、尊敬する理由やその人物から学んだことを英語で後輩に伝えるのですね。タスクの設定はリアルですが、この授業の中では実際のオーディエンスはクラスメイトに留まっているようです。今回の授業以外でもかまいませんが、オーディエンスがクラスメイトと先生以外の誰かになることはありますか。

岩瀬：現状ではあまりできていないのですが、これまでずっとやりたいと思っていたこととして次のようなものがあります。①Flipを使用して発表動画を外国で日本語を学んでいる中高生にフィードバックしてもらう、②1 学年下の下級生に見てもらってコメントしてもらう、③他校で同じ教科書を利用している生徒とPadlet等を利用してライティングを共有し、投票してもらう。なお、他校との連携が難しくても、自分の学校で多くのクラスがある場合は、クラス代表を決めてクラス対抗にするなどの方法も面白そうですね。

藤澤：PBLでは成果発表の場を重要視しており、ここにどのようなオーディエンスを招くことが生徒のモチベーションに繋がるかというのは大切な視点です。岩瀬先生の案のようにICTを使った少しの工夫で非日常性が増して、生徒のやる気が引き起こされていくのではないでしょうか。

TIP：成果発表の場にいつもと違うオーディエンスを招きましょう。

藤澤：PBLにおいて生徒がお互いに建設的に批評できることはとても重要です。岩瀬先生の授業でも、各グループの代表作品の発表と他のグループからの質問や感想の共有の場面がありますが、より生徒がフィードバックしやすいように、あるいは聞き手にとって有益なフィードバックになるように、工夫されていることはありますか。

岩瀬：匿名性を出すことで生徒は質問やコメントがしやすくなることがあるようなので、そういう時はPadletを使用したりします。また、フィードバックをする観点を事前に提示し、それらについて順番にコメントを述べる等で、フィードバックの内容を具体化する

とシーンと静まりかえってしまうことなどが防げると思います。

藤澤：時に、人間関係が障壁になってアドバイスがしにくくなることがありますね。ICTをうまく活用するとこの問題もうまくクリアできますね。

TIP：生徒どうしで建設的な批評ができる心理的に安全な空間を作りましょう。

Stage 3. ここに注目！授業のまとめ

　本時は、論理・表現Ⅰ「書くこと」アを領域の目標とする授業です。

　書くことについてまず注意すべきは、中学校では、話した後に書くという流れの活動をしてきたはずであるということです。台本を書いて、それを見ながら話すとか、覚えてから話すのではないということです。中学校では、趣味や好き嫌いなど自分に関する基本的な情報を書いたり、自分の近況などを簡単な手紙や電子メールの形で伝えたり、日常的な話題について簡単な語句や文を用いて出来事などを説明するまとまりのある文章を書いたり、社会的な話題に関して聞いたり読んだりしたことから把握した内容にもとづいて自分の考えや気持ち、その理由などを書く活動をしています。要は、簡単なパラグラフは書けるというようなことですから、高校での書くことの授業では、それ以上の何を求めるかを明確にすることが必要になります。

　論理・表現Ⅰ「書くこと」アでは、「論理の構成や展開を工夫して文章を書いて伝える」ことが求められていて、そのためにモデルを活用することが大切になります。余談であって欲しいのですが、提示するモデルが、本当にモデルとしての要件を満たしているかが意外と重要なチェックポイントかもしれません。また、「必要に応じて複数の段落で書くこと」も考えられるということですから、Willingness to Communicate（WTC）を高めて、どんどん書かせたいものです。

　岩瀬先生の授業案は、学習指導要領をきっちり踏まえていて、気づきや曖昧さへの耐性も大切にされていますし、様々な生徒への配慮があります。また、読者の痒い所に手が届く上に、ICT活用も流石です。英語使用についても、原則、英語を使用しつつも、学習者の反応や理解度を確認しつつ、必要があれば日本語の使用をする想定もされており、学習者本位で柔軟に対応されるということです（ただし、..., right?と、肯定文にrightを付けた易化を狙った文で、英語使用を前面に出された授業をされていると拝見しました。なお、この表現は中学校の学習指導要領（例、p. 78）に所載されています）。書くことの活動では、ピア・フィードバックで端末使用も許可し、文法の誤りに特化したアプリも利用させておられます。授業展開のすべてが、目標や目的を踏まえた展開です（読者の皆様に敢えて一点申し添えれば、尊敬する人物など思想や信条を扱うかもしれない場合には十分な配慮が必要でしょう）。

　CLIL×ICT×UDL×PBL　CLILでは、contentについて、その厚みを増すためにAIツー

ルの活用により本文をリライトしたりcontentの情報を追加したりして、生徒がcontentをより深く学ぶことができるように工夫しておられます。ICTについては、生徒がAIや翻訳ツール、文法矯正ツールなどはどんどん使っていくべきと岩瀬先生は考えておられ、時代の変化に柔軟に合わせた指導をされています。UDLについては、教室には多様な生徒がいますので、どのようにアプローチすれば、理解がしやすくなるのだろうかを考えられています（例：席順の記述）。PBLでは、生徒の作品をよりよくするために相互フィードバックをする際、ICTを活用して匿名性を担保することでコメントがしやすくなることをインタビューでは指摘されていますので、読者の皆様にはお知りおきいただければと思います。

5	英語コミュニケーションⅡ	「読むこと」イ
堀尾美央	数研出版 BIG DIPPER English Communication II, Lesson 5	

> 英語の力をつけることは大事ですが、私が大事にしているのは、英語を通して物事や世界を知る授業にすることです。教科書や副教材は、あくまでそのきっかけを作るものだと思います。英文を読むことに加え、書かれている内容を比較したり分析したりしながら、身の回りのことに繋げていく授業を心がけています。

Stage 1.「主体的・対話的で深い学び」の授業案

1. 単元目標

ユニバーサルデザイン（UD）についての情報を、聞いたり読んだりして概念や課題を把握して、発信することができる。

2. 単元の指導計画 全8回

第1時	Lesson 5 の導入。Part1 と 2 の新出単語のインプット活動と、内容に関する oral introduction をする。
第2時	Part 1 の概要把握の後に、コンセプトマップ（概念地図、concept map: CM）にまとめた重要情報をペアで交換し、自分の意見を書く。
第3時	Part 2 の概要把握の後に CM にまとめた重要情報をペアで交換し、意見を書く。
第4時	Part 3 と 4 の新出単語のインプット活動と、内容に関する oral introduction をする。
第5時（本時）	Part 3 の概要把握の後に、読んで詳細を捉え、CM にまとめた重要情報をペアで交換し、意見を書く。
第6時	Part 4 の概要把握の後に CM にまとめた重要情報をペアで交換し、意見を書く。
第7時	提示された建物やピクトグラムを観察し、課題と改善策を考える。
第8時	第7時に取り組んだ課題と改善策について、英語で発表する。

3. 教材観・生徒観・指導観

（1）教材観

前時に、UDの一例であるピクトグラムを分析している Part 3 の新出単語のインプット活動と内容に関する導入活動を終えていて、本時は新出単語の知識を活用し、本文の内容を読み進める活動が焦点になります。Part 3 では、誰もが使いやすい UD を考えることの難しさを考えるため、実際に温泉のピクトグラムが何と勘違いされたのかを知ることと、なぜそう勘違いさ

れたのかを本文の情報をもとに考えることを目的として読んでほしいです。授業は、取り上げられているピクトグラムAとBを比較して、どちらが良いと思うかを議論して進めます。言語材料としては、関係副詞whereの継続用法を扱い、情報を読み取る際の補助になるよう指導を進めたいです。

(2) 生徒観

　対象となる2年生は、話すことを中心としたコミュニケーション活動には積極的であり、1年次には音読を中心とした多くのパフォーマンス課題に取り組んでいました。一方で、読むことや書くことなどの活動は比較的苦手としている生徒が多いです。そのためか、単語のスペリングや文法の知識の正確性に課題が多く見られます。

(3) 指導観

　本時では、後のアウトプット活動にも繋がる内容理解を軸に、文の関係性に注意して概要把握をした後に、読んで詳細を捉えることができるようにします。「読むこと」とはどういうことなのかを踏まえ、補助として簡単なCMにまとめることができるようにさせたいです。また、何度も本文に触れさせることで、英文を読む時間を増やしながら理解を深めてほしいです。

> **Mr. Parker gives another example of universal design.**
>
> 　Pictograms are also a good example of universal design. They can be understood by people regardless of their age or language. However, even pictograms sometimes cause a problem.
>
> 　In Japan, Pictogram A has been used since the 17th century to represent a hot spring. However, the meaning of this symbol is not obvious to foreign visitors. Some of them went into a building with this sign, where they were surprised. They found that it was not a restaurant.
>
> 　To help overseas visitors, the Japanese government introduced Pictogram B. This caused a hot debate. Some people thought the new symbol was better. Others argued that the old one is part of Japanese culture and should be kept. The government finally decided that people can use either one.

［数研出版 BIG DIPPER English Communication II（R6年度）］

4. 本時の目標

　UDの一例であるピクトグラムについて、使用される語句や文、情報量などにおいて、CMなどの一定の支援を活用すれば、説明文の概要把握をした後に、その文の関係性に注意しながら、UDの定義の一つである「誰にでも使いやすい」という概念を理解するという目的に応じて、詳細を捉えることができる。

5. 本時の評価規準

A　知識・技能	B　思考・判断・表現	C　主体的に学習に取り組む態度
〈知識〉　概要や要点、詳細を目的に応じて捉えるために、必要となる語彙や表現（特に関係副詞の継続用法）を理解している。 〈技能〉　ピクトグラムについて書かれた説明文の詳細を目的に応じて捉える技能を身に付けている。	「誰にでも使いやすい」という概念を理解するために、ピクトグラムについて書かれた説明文を読んで、詳細を捉えている。	「誰にでも使いやすい」という概念を理解するために、ピクトグラムについて書かれた説明文を読んで、詳細を捉えようとしている。

6. 本時の展開 ― 英語コミュニケーションⅡ／「読むこと」イ ―

> 前時の復習と本時への導入 → 聞くこと（概要・要点を捉える）→ 読むこと（詳細を捉える）→ やり取り → まとめを書く

学習過程	生徒の活動、教師の指導と指導上の留意点
導入 4分 前時の復習と本時への導入	（1）前時の復習と本時への導入 　前時では、Part 3 で扱う単語のインプット活動とその単語を使いながら Part 3 の話の全体像を掴む oral introduction を行いました。前時に学んだ新出単語と教科書にある絵を使いながら、前時の内容を復習して本時の内容に繋げていきます。そのために、Part 1 から Part 2 にある UD の定義に、前時に参照した Part 3 の Pictogram A を見せて考えます。 T: Good afternoon, class. Before starting today's class, let's review what you learned in the previous class.〈p. 56 の Pictogram A を提示〉What does this symbol represent? S1: A hot spring. T: That's right. This symbol is very familiar to us, and we call this kind of symbol a "pictogram", which is one of the examples of universal design. By the way, what is "universal design"? S2: It is the design of products, buildings, or environments for everyone. *It should be easy to use for people of any age, ability, or disability.*（斜字体部分は教科書から）

	T: Great. Now look at Pictogram A again. I think this design is very familiar to you. However, this pictogram caused a debate in the past. Imagine you were in a meeting to decide on a pictogram to use. You need to write a letter about which pictogram we should use. Before that, you need to gather some information about Pictogram A's problems. Now, listen to Mr. Parker's lecture and find out what his point is and what he wants you to know in the lecture. Now read the passage silently. 　最後の教師の指示にもありますが、ここで今日の授業の最後に取り組む、どちらのピクトグラムを使用すべきかどうかという手紙を書くことを、生徒に伝えておきます。スライドや板書で提示してもよいと思います。そして、その最初のステップとして教科書の本文を聞きます。この時も指示にあるように、「何のために聞くのか」という目的を明確にしておきます。その上で、本文を聞きます。
展開1 10分 聞くこと （概要・要点を捉える）	【Pre-Reading】　聞くこと：概要・要点を捉える 　目的・場面・状況　市の職員から、温泉を表すピクトグラムに、Pictogram A と B のどちらを使うのがよいかを尋ねられ、その答えに悩んでいる。従来の Pictogram A の使用がなぜ議論を呼んだのかを把握するために、Parker 氏の講義を聞いている。 T: Listen to Mr. Parker's lecture and find out what the topic is. Choose an appropriate title for his lecture from (a) through (c) in the box. 　(a) A Hot Spring and a Restaurant 　(b) The Problem that Pictograms Caused 　(c) The New Symbol of a Hot Spring 　ここから本文を聞いて、まずは Part 3 の概要を捉えます。概要とは、聞いた英語のおおよその内容のことを指しますが、ここでは、3 つの英語タイトルを黒板に提示します。生徒は選択肢を読んだ後に本文を聞き、Part 3 に最も合ったタイトルを選びます。また、CM を使った読む力の育成など、身に付けさせたいスキルやストラテジーを具体的に提示します。ここでは、本文のおおよその内容を把握する活動として Parker 氏の講義を聞き、本文の英語音声と文字を繋げる最初の段階を踏みます。 　概要を捉える時には、それを考える過程も大切です。英文を聞いた後は 1～2 分程度与え、開本でなぜそのタイトルにしたのかの根拠となる文に下線を引くように指示します。 　どのタイトルにしたかは、「簡易アナライザー」を用いて生徒の理解度を確認します。簡易アナライザーでは、手元のノートを使い、答えが (a) の生徒はノートの表紙を、(b) の生徒は背表紙を、(c) の生徒は裏表紙を、掛け声で教師に見せるように指示します。これで、クラス全体がどれくらい理解できているかを把握することができます。その後、そのタイトルになった根拠となる文を生徒どうしで確認します。 　答えとなるタイトルは (b) になり、根拠となる文は第 1 パラグラフ最後の文になります（However, even pictograms sometimes cause a problem.）。この文が今回 Part 3 で鍵になる文であり、「書き手が伝えたい主な考えなどのポイント」である要点となると考えられます。本文の中には日本政府の対応も書かれていますので、Which pictogram did the Japanese government decide to use, A or B? Or both? と生徒に問いかけてその答えを提示し、概要（Pictograms representing hot springs in Japan have confused foreign visitors before. A new symbol introduced by the government caused a debate, and eventually both pictograms were accepted.）としてまとめます。
展開2 15分 読むこと （詳細を捉える）	【While-Reading】　読むこと：詳細を捉える 　目的・場面・状況　Pictogram A と B のどちらを採用するかを決めるために、それぞれの良い点と悪い点を知るために、本文を読んで詳細を捉えている。

本時の展開 3 では、Pictogram A と B のどちらが良いと思うか、理由とともに英語で意見を述べるやり取りの活動を行います。そのためにも、本文にある Pictogram A と B の詳細を捉える活動を行います。

(1) 詳細を捉える活動
① 展開 2 の見通し
　展開 1 で概要・要点を捉えて全体像を把握したので、次は詳細を捉える活動になります。詳細を捉える手段として、Part 3 の流れをコンセプトマップ (CM) で書き出します。なお、詳細とは、ここでは使用するピクトグラムにまつわる議論と、その議論が起きた理由を読み取ることとしています。

T: Great job. Now, I want you to read the information you need. So, you need to compare information about Pictograms A and B and share your own opinion. Read the passage and complete the map.

② ここから詳細を捉える活動に入ります。本時の目標である「読むこと」に繋がる部分です。「後で Pictogram の A と B を比較して、自分の意見を言ってもらうので、そのためにまずどんな意見があったかを読み取ろう」と目的を明確にしておくと、生徒は何のための活動かがわかるので取り組みやすくなります。また、読むときには何らかの支援で文章の理解を進めることができるように、文章の展開を整理するために、CM を使ってみます。

③ 上位概念である universal design の下に address signs、pictograms、Part 1 と Part 2 で扱った switch D を挙げておきます。そして、これらを関係性 (Example) という線で結んでいきます。まず、ここからピクトグラムにまつわる議論について読んでいきます。

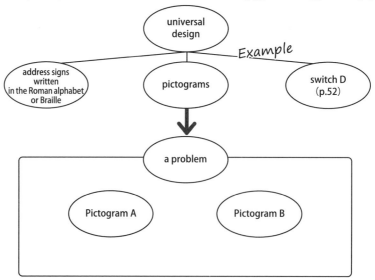

　CM 上では、pictograms から a problem へ矢印を示すことで「問題を引き起こした」ことを示します。そして、その具体的な内容に関わるのが Pictogram の A と B で、Pictogram の A と B はどういうものなのか、本文情報をもとにして描いていきます。

　Pictogram A については第 2 段落に書かれています。"How long has it been used?" "Was the meaning clear to everyone?" などの質問を繰り返し、内容を生徒と確認しながら書き込んでいきます。その中で、本時の言語材料の対象になっている関係副詞 where の説明も行います。Pictogram B についても同様に、質問を繰り返しながら書き込んでいきます。

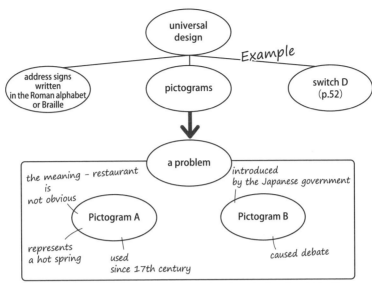

ここでは「抽象→具体」の流れを作っておくことが大事です。例えば、Pictogram B から caused debate と出ていますが、具体的にどのような debate だったのかも本文に書いています。こういう場合には debate の部分から線を引いて内容を書くと、関係がわかりやすくなります。

(2) クラス全体で確認・共有

「Pictogram A が何と勘違いされたのか」に焦点を当てて、生徒がそれぞれの概念や単語をどのような言葉で繋いだのかを確認しながら授業を進めていきます。この時に本時の言語材料である関係副詞 where に触れます。

| 展開3 15分 やり取り | 【Post-Reading 1】 まとめの表現活動：話すこと［やり取り］

目的・場面・状況 最後のまとめに、周囲の生徒たちの Pictogram A と B について考えている情報を収集するために、友達とやり取りしている。

最後に、Pictogram A と B についてどちらが良いと思うかについて周囲の生徒たちの情報を収集します。まずは隣の生徒どうしのやり取りで意見を共有します。質の高いやり取りであるには、相手が話した内容を受けて対話を繋げることが大切です。

T: We have so far compared Pictograms A and B. Now, imagine you were in a meeting to decide which pictogram to be used. Which pictogram do you think is better as a symbol of a hot spring? Give your opinion with reasons. You have to use the OREO structure.

Pictogram A と B のどちらがよいと思うか、まずは即興で述べ合います。「A か B のどちらのピクトグラムを使うのかを決める会議にいる」という場面設定にし、OREO（Opinion、Reason、Example/Evidence、Opinion）の順で意見を組み立てるよう指示します（OREO は 1 年時の既習とします）。その後、教室内を動き回ってインタビュー形式でやり取りを行います。まずは教師が見本を見せます。

T: Which pictogram do you think is better, Pictogram A or Pictogram B?
S: I think Pictogram A is better because it is more familiar to us. We see it in the hot spring near my house. What do you think?
T: I have a different opinion. I think Pictogram B is better because it is easier for everyone to imagine.

この見本の後、質問文と How about you?、What do you think? などの表現は黒板に提示しておきます。

	【板書案】 A: Which do you think is better, Pictogram A or Pictogram B? B: I think ○ is better because .... (OREO の順で) A: I agree with you.／I have a different opinion. I think ○ is better because .... (OREO の順で) B: I see. So, you think... (A の発言を繰り返して確認する)（以下続く。）	
	少なくとも2人にはインタビューをして、以下のような簡単な記録シートに聞いた意見を記録しておくように指示します。インタビュー中は、教師は机間指導で教室内を歩き回りながら、発話に困っている生徒の横で生徒が使いたがっている表現を口頭でサポートするなどの支援を行います。	
	<table><tr><td>Name</td><td>A or B</td><td>Reason</td></tr><tr><td></td><td></td><td></td></tr><tr><td></td><td></td><td></td></tr></table>記録シート（例）	
展開4 5分 まとめを書く	【Post-Reading 2】　まとめを書く活動 目的・場面・状況　Pictogram A と B のどちらを採用するかの自分の意見を伝えるために、1つ前のインタビュー活動で聞き取った意見を踏まえて、市の職員に手紙を書いている。 インタビューで得た意見を含めて、自分の意見を含めた手紙を書きます。 【モデル文】 To Whom It May Concern, 　I am writing to you today about my thoughts on pictograms because I want to share my thoughts about which pictogram to be used. We have discussed which Pictogram to be used for our next project. <u>Some of my friends said that Pictogram B is better because it is easier for everyone to imagine. However, I think Pictogram A is better because it has a longer history than Pictogram B.</u> 手紙の前半はこちらで印刷しておいて、インタビュー活動で得たクラスメイトの意見を、ライティング活動の中で取り上げつつ、自分はそれと同じ意見なのか、異なった意見なのかを含めて、自分の意見を書きます（モデル文の下線部の部分です）。モデル文を配付したりスライドで投影したりすると、生徒にはわかりやすいです。	
まとめ 1分	最後のライティング活動では、クラスメイトの意見と、その理由を含めるところがポイントになります。言語活動を統合する観点からも、英文の正確さよりは聞き取った意見をライティングに含められているかを重視していると伝えることが大切です。	

7. まとめ

　生徒が英文を理解できているかは、教師にとっては把握しにくいことの一つだと思います。この理由として、生徒が英文を読みながら考えているプロセスがわからないことが挙げられると思います。この読解プロセスの把握を支援するものとして、CM を活用しています。CM は、

物語を読んで登場人物の整理をするのにも使えます。社会的な話題に関して肯定意見と否定意見を読み取るような文章であれば、グラフィックオーガナイザーなどが使えます。ここでは事前に単語を入れた状態、つまり教師側から少しヒントを与えた例を紹介しましたが、生徒に応じて、教師が与える度合いは変えられます。最終ゴールは生徒たちが自分の頭の中で整理して読めるようになることですので、段階に応じて教師からの支援を少しずつ減らしていくことも必要です。

Stage 2. 英語授業実践でのCLIL、ICT、UDL、PBLの模索

(1) CLIL

谷野：堀尾先生のご実践は生徒たちの読解プロセスを生徒どうしのやり取りを通して確認する手法を取られていますね。本時の場合は、UDがターゲットですね。堀尾先生は生徒たちに英語コミュニケーションの授業を行う際に、contentの面での補足について教科書以外の参照物を使用するなどの工夫を心がけておられることがあれば教えてください。

堀尾：単元の導入や授業の導入時に、扱う内容に関連する映像や写真に関するoral introductionと問いから始めることが多いです。今回の単元は内容がUDですが、どういうものにUDが使われているかを知るというよりは、UDっていったい何なのかを、読んだ情報や身の回りの例をもとにして自分の言葉で言えるようになってほしいと思っています。UDは「誰にでもわかりやすい、使いやすい」がポイントになりますが、UDがない視点から見ると、誰にでもわかるわけではない、すなわちそれによって困っている人がいる状況も捉えられます。それを生徒の皆さんが自分で気付けるよう、敢えてUDが使われていない物の写真を提示したり、教科書のとは違う新聞の記事などを補足資料として配付したり、「何か問題はありますか？」「あるとしたら何だろう？」「誰にとって、何が問題なんだろう？」と進めたりしていきます。内容に関する問いは必ず含めるようにしています。

TIP：教科書のcontentに関連する映像や写真等の資料を活用して問題発見力を育てましょう。

谷野：堀尾先生はこの実践で、生徒たちの議論（対話）を促す仕掛けをされています。生徒たちに議論を促す際に、言語面やcontentの面でどのようなことに注意しておられますか。

堀尾：まずは議論の仕方です。英語で議論となると、言い回しなどの言語面にばかり気にしがちですが、議論には思考力とコミュニケーション能力、言語力のすべてが必要だと思いますので、これらの要素に関わるフィードバックを必ず含めるようにしています。それを可視化するためのルーブリックもあり、そこには「みんなが話をしっかり聞けていた」「お互いの考えに対して意見を言えていた」などの項目を入れています。初めて英語での議論を終えた生徒たちに、そのルーブリックで自己評価させると、ほぼ全員が

「できた」と言います。でも、実際は時計回りに意見を発表して終わっていた、自分が意見を言い終わったら別のことをしていたということも少なくはありません。なので、他の生徒が話した内容について質問すると答えられないということもよくあります。だから、ちゃんとお互いの意見に頷き、違う意見には違うことをしっかり伝えるようにフィードバックします。そうすると徐々に議論に参加する生徒が増えてきます。議論に参加するためには学んでいる内容を理解している必要がありますので、自然に学んだ内容にも意識を向けていきます。

> TIP：議論の活動では、思考力、コミュニケーション能力、言語力の3つの要素からフィードバックしましょう。

(2) ICT

米田：授業では、教科書本文の文章投影とスピーキング時の生徒のタブレット端末が、効果的に活用されていると思います。

堀尾：文章の投影は、単純に教科書本文の精読の際に確認しやすいので効果的です。タブレット端末については、ロイロノートで各生徒のコンセプトマップを全体共有したり、クラウド上で協働学習したりすることでも活用しています。

米田：特に後者の取り組みで注意されていることはありますか。

堀尾：Google Slideなどを作って指導案にあるコンセプトマップの最初の図を4人1組で完成させる場合でも、単なる作業で終わらないように工夫しています。意味や根拠の確認などプロセスが大事であることも伝えています。

米田：プロセスは大切ですね。また、アナログもうまく活用されていますね。

堀尾：ピクトグラムの絵は投影ではなく印刷したものを教室の前に貼っておくなど、アナログの良さとICT活用の良さを組み合わせていくことが大事だと考えています。すべてを生徒自身に委ねるのではなく、学習状況などの把握のためにICT活用と対面指導、同期型と非同期型の長所を組み合わせた教育活動が可能になっています。

> TIP：アナログとデジタルを効果的に活用できるようにしましょう。

米田：文章投影活用では、板書していた時間が削減できるのですが、問題点はないですか。

堀尾：何でもICTを使うと速くなり、効率的に見えますが、生徒の理解が追いつけないことが出てきます。

米田：本時以外の最近のICT活用の事例があれば教えていただけますか。

堀尾：発音指導の個別最適化です。例えば英語の新出単語導入で、「教師が全体に単語を提示して発音→一斉リピート」の形に加えて同じ単語の発音練習課題や教科書本文の音読練習課題を生徒に個別配信し、各自のデバイスで発音練習します。

米田：教室の中だけでしかできなかった発音練習や音読練習に自宅でも取り組めますね。

TIP：ICT活用では、いつも生徒目線になって進めていきましょう（提示速度等）。

米田：英語学習におけるICT活用について大切にされていることは何ですか。

堀尾：常に「なぜICTを使うのか」の目的を明確にしておく必要があると思います。"Technology firstではなくeducation first"、使っても学びに繋がらないと意味がありません。AIやツールの特性を見極め、うまく付き合っていくことですね。

TIP：デジタル教材の特性を見極め、効果的に使えるように指導しましょう。

(3) UDL

森田：学校全体では、教室環境や学習環境を、どのように整えておられますか。

堀尾：本校はホワイトボードを活用していますが、使用するペンの色や配付物のフォントに、配慮しています。また、教員の話を聞くこと、教科書を読むことに加え、視覚的または聴覚的なアプローチも、学習の中に多く取り入れて、配慮しています。

森田：教科指導の前に、教室環境や学習環境を整え、すべての生徒にとって優しい授業を心がけておられる姿勢がすばらしいですね。

TIP：音声情報を含め、ICTを活用し、多感覚で生徒に情報を提示しましょう。

森田：多様な生徒が在籍しているものですが、授業において個々の生徒に対し、何か配慮していることはありますか。

堀尾：1つのクラスの中でも生徒の英語のレベルは本当に様々ですので、パフォーマンステストなどを通じて、個々の生徒と対話する時間を短時間でも設け、生徒一人ひとりの良い部分を見つけて接していくように心がけています。同時に、授業を通じて「何ができるようになるのか」を言語化し、ルーブリックを提示することで、結果だけでなく、プロセスを大切にしながら生徒と対話するようにしています。例えば、評価の際は、1回目のパフォーマンステストと比べて2回目はどうだったのか、どこが改善されたのかなどを確認し、個々にフィードバックを与えています。

森田：教科指導等では、生徒の間違いを指摘しなければならない場面がありますが、どこまでができていて、どこが間違っているのかを明確にし、生徒の自己肯定感を高めながら、生徒の躓きを指摘することが大切ですね。

TIP：対話でプロセスを大切にし、個の学びを尊重しましょう。

森田：アウトプット活動を生徒に課す際、留意されていることはありますか。

堀尾：基礎的内容として、model、practice、feedback、adjustment、practiceの繰り返しを心がけています。インプットが十分でない生徒を考慮し、表現活動の手順を示すことで、生徒に安心感をもってもらえるよう工夫しています。

森田：基盤となる学びは、生徒の心理的安全性を高めます。英語の苦手な生徒はもちろん、特別な教育的支援を要さない生徒にとっても、わかりやすい授業となるでしょう。

> TIP：アウトプット活動では、生徒に合わせ、多様な方法を活用しましょう。

(4) PBL

藤澤：本時の授業の最後に市の職員に手紙を書くというタスクがあり、これにはモデル文が示されています。PBLでも以前の生徒の作品や教員のデモ作品をモデルとして提示し、生徒に対する期待値を明確にして生徒のモチベーションを刺激することがありますが、堀尾先生は、普段、生徒に作品に対する教員の期待値をどのように伝えますか。

堀尾：最も大切なのはルーブリックを提示し、到達度を示すことだと考えています。あと、良い例とダメな例を示します。実際にモデルを示すことで、ルーブリックにある文言を理解することもできると思います。パフォーマンスの後は、必ず早いうちにフィードバックすることを心がけています。

藤澤：確かにルーブリックを見ながら実際にモデルに触れることで、ルーブリックの文言への理解度が上がるというのは納得です。私もプロジェクトを最初に始める時には自分の作ったデモ作品を生徒に提示して、その良い点と悪い点を挙げさせるのですが、これは建設的な批評の練習にもなりますし、作品の良さを抽象化して言語化するというルーブリックを作成するプロセスを生徒が体験できることにもなるのでおススメです。

> TIP：ルーブリックやデモ作品の批評を通して、生徒に成果物の期待値をしっかりと伝えましょう。

藤澤：今回の単元で堀尾先生がピクトグラムの課題と改善策を英語で発表するという成果物を最後に設定した意図を教えてもらえますか。そこにどんな堀尾先生の思いが込められているのでしょうか。

堀尾：1つの物事を多面的に見る姿勢を育てたかったというのが最も大きいです。英語の力というよりは批判的思考力に関係してくると思いますが、私は何か物事の良し悪しを判断したり、何かを決断したりする時などにとても役に立つ力だと思っています。

藤澤：すばらしいですね。PBLでは教員が生徒に身に付けてほしい力をしっかりと言語化し、伝えておくことは重要だと考えています。プロジェクトで作品制作を始めると、作品の質をどう高めるかという部分に生徒も教員も意識が行きがちであるので、プロジェクトの初めに伝えておくとよいと思います。

> TIP：プロジェクトを通じて生徒に身に付けてほしい力を具体的に言語化しましょう。

Stage 3. ここに注目！授業のまとめ

　本時は英語コミュニケーションⅡ「読むこと」イの授業です。英語コミュニケーションⅠ「読むこと」イとの比較では、支援が、"多くの"から"一定の"となり、"詳細"を目的に応じて捉えることが追加されています。よって、論証文や報告文などで「書き手の意図を的確に理解するために細部の情報を読み取る」ことが必要で、「目的に応じてどの部分を詳細に読み取るべきなのかを、事前に生徒に提示することなどが考えられる」ということを踏まえた、因果及び主張や意見を表にまとめるような授業が求められるということです。

　堀尾先生の授業は、「段階に応じて教師からの支援を少しずつ減らしていく」という手法をとりつつ、一定の支援をうまく導入しています。また、目的に応じて捉えるということでは、概要や要点は聞くことを通して、詳細は読むことを通して行うという授業です。さらに注目すべきは、授業の中心に詳細を捉えるということを据えて、コンセプトマップ（CM）を活用する手法で、全体の理解を踏まえている点です。この手法はCLILの思考に対応する方途としてよく取り上げられています（例、Bentley、2010）。また、OREOやCMの矢印で因果関係を表現しやすくしたり、捉えやすくしたりしており、まずは聞くこと、その次には本時の活動の中心の読むこと（詳細）、その後には書くことで、すぐれた統合的な言語活動が展開されています。

　CLIL×ICT×UDL×PBL　CLILのcontentについて、生徒たちの学びを深めるためには教科書だけに頼らず、関連する映像や写真などの資料を活用することが重要だと示されています。また、コンセプトマップの活動はcognitionに直結しますね。ICTでは、堀尾先生はインタビューで「英文添削ツールは文章の間違いは直してくれますが、書き手のアイディアを発展させてくれるわけではありません。学習者が他者と対話を重ねて生み出していくものだと思います」と述べられています。ツールの特性を理解して、意味のある使い方を考えて学習の道筋を作ることがこれからの教師の役割になるのでしょうが、それを実践されています。UDLでは、堀尾先生の授業に共感した森田先生は「すべての生徒にとって『わかる楽しさ』は、どの生徒にとっても共通して効果のある授業ポイントです。生徒の『わかる』『できる』の連続を授業でめざし、多様なアプローチで個々の生徒と向き合いましょう」と考えを述べられています。PBLではプロジェクトにおける最終成果物の期待値を生徒にしっかり伝えておくことで、作品の質を大きく左右します。その意味で、堀尾先生がインタビューで述べられていたようにルーブリックを見せながら実際に良い例と悪い例を示すことはとても有効です。さらにそのデモ作品を見て批評の練習をすることで、ルーブリックを深く理解し、期待値がしっかり伝わるのではないでしょうか。

6	論理・表現Ⅱ	「話すこと［やり取り］」イ
芹澤和彦	三省堂 MY WAY Logic and Expression Ⅱ, Lesson 5	

> 生徒が自立・自律した英語使用者として自らを育んでいくためには、「評価」や「ストラテジー」に関する支援をしていくことが重要だと考えています。生徒の主体性が高まる評価の工夫、そしてストラテジーの指導に関して、ヒントになれば幸いです。

Stage 1.「主体的・対話的で深い学び」の授業案

1. 単元目標
【内容】最近の科学技術や社会状況をふまえて自身の生き方について考え、「納得感」に関する理解を深める。

【言語】科学技術・社会状況・職業に関する語彙、動名詞、分詞構文

2. 単元の指導計画 全7回（第4時以降は省略）

第1時	Lesson 5 に関わるキーワードをもとに問いを作ろう。pp. 64-66 －気になるテーマについて問いをつくり、科学技術についての考えを深める。
第2時 （本時）	Let's Talk 科学技術について会話をし、レポートにまとめよう。p. 67 －やり取りを通して技術の進歩と人間の役割について考えを深める。
第3時	最近起こった身近な出来事についてエッセイを書こう。pp. 68-69 －動名詞を使い、身近な出来事について複数の段落で書き、内省を深める。

3. 教材観・生徒観・指導観
（1）教材観

　教科書の背景知識の活性化ができる登場人物の絵について考え、その場面を想定した対話表現でリスニングへと続きます（pp. 64-65）。その後は、対訳付きのフレーズリーディング用シートでの音読活動と発信活動をします（p. 66）。意味を理解した上での音読で発信の準備をします（p. 67）。表現意欲を高めた発信活動の後に文法知識の定着を促す練習問題があるため、生徒たちはそれらを解く中で気づきを得やすくなると想定できます（pp. 68-69）。

(2) 生徒観

対象生徒はディスカッションに慣れています。英語を使いたい！と思う雰囲気で、実際に使う場面を多く設け、意味のあるやり取りの中で形式にも焦点を当てる機会を作ってきたことで、少しずつ「知っている知識」が「使える知識」へと変容してきています。

(3) 指導観

生徒が「英語を使いたい！」と思えるか否かは教師の指導観に紐づいています。生徒は、本来、主体的な存在で、教員の役割はその主体性を生徒自身が育む機会を提供することだと考えています。そのためには、教員が、自らの探究観を磨くことが重要です。言語習得だけを目的とせず、多種多様な話題に対する見方や考え方を深める機会を提供する必要があります。

Let's Talk　いろいろな科学技術について会話をしよう
・ペアになり、Step にしたがっていろいろな科学技術について会話をしよう。

例　A : Modern technology is advancing every day.
　　B : You're right. I'm looking forward to visiting a store without any clerks or cash registers someday.
　　A : What makes it so appealing to you?
　　B : You can do your shopping much more quickly.
　　A : That sounds nice, but I don't like the idea of people buying goods without any staff.

［三省堂 MY WAY Logic and Expression II（R6 年度）］

4. 本時の目標

暮らしと AI の話題について、使用する語句や文、対話の展開などにおいて、一定の支援を活用すれば、ディスカッションなどの活動を通して、聞いたり読んだりしたことを活用しながら、多様な語句や文を用いて、意見や主張、課題の解決策などを論理の構成や展開を工夫して詳しく話して伝え合うことができる。

5. 本時の評価規準

A　知識・技能	B　思考・判断・表現	C　主体的に学習に取り組む態度
〈知識〉　意見や主張、課題の解決策などを論理の構成や展開を工夫して詳しく話して伝え合うために必要となる語彙や表現を理解している。 〈技能〉　最近の科学技術について、意見や主張、課題の解決策などを論理の構成や展開を工夫し、対話を継続する表現を用いて、詳しく話して伝え合う技能を身に付けている。	最近の科学技術について、一定の支援を活用すれば、ディスカッションの活動を通して、聞いたり読んだりしたことを活用して、意見や主張、課題の解決策などを論理の構成や展開を工夫して詳しく話して伝え合っている。	最近の科学技術について、一定の支援を活用すれば、ディスカッションの活動を通して、聞いたり読んだりしたことを活用して、意見や主張、課題の解決策などを論理の構成や展開を工夫して詳しく話して伝え合おうとしている。

6. 本時の展開 ― 論理・表現Ⅱ／「話すこと［やり取り］」イ ―

> 教科書本文表現の確認 → CS確認 → ディスカッションの準備 → 隣どうしのディスカッション → 中間リフレクショントーク → 全体シェア → 全体へのフィードバック → ペア交流 → 2回目のディスカッション → 自己評価

学習過程	生徒の活動、教師の指導と指導上の留意点
帯活動 10分	書き慣れることを目的とした5分間のライティング課題に取り組み、その後の3分間は日本語でリフレクションを書きます。 ①チャイム鳴り終わり直後… T: You have five minutes from now. 　ICTを活用した予約配信等で、前時の終了時にお題を送ると意欲の高い生徒は休み時間から課題に取り組み始めます。また、お題の中に教科書に出てくる新出表現をここで出しておくことで重要表現のインプットが促進されます（例：本時では p. 67 の Key Sentences に look forward to ~ing の表現があります。そこで、What are you looking forward to doing this weekend? のお題を出すことで、重要表現を予習するデザインができます）。 ②5分経過後… T: Five minutes have passed. Count the number of words you wrote, write down the number in your notebook, and write a concrete reflection. 　リフレクションの際、生徒が語数を書くことで自己調整学習を促します。教員からの語数指定は「与えられた目標」になりますので、生徒自ら語数を書いてもらいます。また、生徒がリフレクションを具体的に書けるよう取組をします。具体的に書けている生徒の例を取り上げ、全体の場面でフィードバックを繰り返しましょう。「文法がわからなかった」と書いている生徒が「比較級を使ってみたい」等、具体的に書けるようになってくると、主体性が高まってきていると言えます。

Ⅳ　実際の授業での展開例　95

	＊この帯活動中にプリント（「6．本時の展開」の最後にあります）を配付しておき、後の展開1・2に備えます。
展開1 10分 教科書本文 表現の確認	まずは、教科書の例文に触れ、表現に慣れ親しむ機会を作ります。教科書のページ（p. 67）を確認し、QRコードを読み取り、Let's Talk について、話の展開や話し手の意図を把握します。教科書のテーマからディスカッションへとうまく展開するためには、プリントを有効活用します。この教科書の内容をもとにした「場面・状況」の設定、役割の確認、そしてタスクが自然と繋がるp. 100にあるようなプリントを準備しましょう。この際、教科書の場面が想定できる状況をレッスンの軸に据え、教科書の対話もその状況の一部にできると、活動が自然と繋がります。 ①すでに帯活動で配付したプリントの目的と目標の確認をします。 T: Look at the handout. Read "Real Life Situation" for 30 seconds. 〈30秒後〉Now, technology is growing fast. High school students should learn about modern technology. So, let's check today's purposes and goals. You will be joining a Public Forum on modern technology. The goal is to discuss and think about how we can better use these technologies in our lives.（下が帯活動中に配付したプリントのここで扱う箇所）

Joining a Public Forum about Modern Technology

Real Life Situations:
Modern technology is advancing quickly, giving us more information. For high school students, understanding this technology can help you learn how to use the information better.

Purpose :
To think about modern technology and find a better way to live with it
Goal :
To have a discussion to make your partners agree with you and write a report

Situation:
Today, you are joining a <u>Public Forum</u> to talk about <u>modern technology</u>. You will have a <u>discussion</u> to find out how you can live better with new technologies. After the forum, you will <u>write a report</u>.

② 教科書p. 67を開きその後、下の箇所の説明を聞きます（下が帯活動中に配付したプリントのここで扱う箇所）。

Task 1. Prepare : Public Forum about Modern Technology.
・Open your textbook to Lesson 5.
・You are the one who is talking with Students A and B.
・Listen to what they are talking about with the QR code.
・Guess why they joined the Public Forum to talk about the theme.

T: O.K. Which page are we studying today?
Ss: Page 67?
T: Yes. Look at the textbook on p. 67 and scan the QR code in the textbook.

> すべて指示ではなく、少しでも多く問いかける。生徒の主体性を引き出す工夫です。

	③ 教科書p. 67のQRコードスキャン後、教科書p. 67の Let's Talk の会話を聞きます。	いつもの活動なのでここでは一度だけ聞いてもらいます。内容は理解できても話し手の状況までは理解できないことを想定しています。

T: Now, imagine the situation. Listen and think about why they are talking about that topic. The topic is about modern technology, right? Why are the speakers discussing this? Listen to it again and think about why they are talking about this theme. Imagine yourself as a third person, 'C,' in this conversation. After you get your ideas, can you check the linking and reduced sounds in the talk? You will have five minutes. Work with your partner.

> Inferential question のため、答えを自分たちで考えた後は空白の時間になります。それを埋めるために、音声面の学習も行います。ここでは、モデル音声を聞く中で、どこでリンキング（音連結）やリダクション（音脱落）しているかを確認します。

④ 5分後…

T: O.K. Why do you think they are talking about this theme?
S1: Because this theme is important. I think there are many new types of AI. We should think about them.
T: Nice point of view. Anything else? Why is this theme important?
S2: Because we should not overuse technology?
T: Good. Let's join the discussion about the theme.

展開2 25分 ディスカッション CS 確認	生徒たちがディスカッションを通して思考を深めていきます。ディスカッション成功の工夫には、【準備段階】として、a）トピックの選択、b）語彙や表現のリスト作成、c）テーマのリサイクルなどがあります。また【当日できること】として、d）心理的安全な雰囲気の確保、e）参加者全員の発言を促すこと、f）時間制限の設定、g）勇気づけるフィードバックなどがあります。ここでは生徒が困ったときにこそ使えるコミュニケーションストラテジー（communication strategies、以下 CS）を紹介します。全体で CS を確認後、Task 2 に沿って生徒たちはディスカッションを一定の時間行います。 ① 全体で CS を確認しますが、対話でよく使われる4パターンを示します。

> スライドが一つひとつ変わり、英文の音声を確認します。音読をしてもらうためには言いやすいリズムをいくつかパターン化する必要があります。

T: Let's practice some key expressions that you can use in the discussion. How do you say these in English? Think with your partner for one minute.
T: Do you have any ideas?
S3: "Can you repeat?"
T: "Can you repeat it?" is correct, but "Could you say that again?" is a more polite way. "Could you say that again?" Everyone, let's start on three, one, two, three.
Ss: "Could you say that again?"
T: Next is the phrase that you use when you don't understand what your partner said. How do you say this?
S4: "What do you mean?"
T: Right. Everyone, say, one, two.
Ss: "What do you mean?"

下記のCSはこのQRコードで

> 別のパターンです。生徒がリピートしやすいパターンをいくつか作りましょう。

IV 実際の授業での展開例　97

T: Good. The next one is important because you should support the understanding of your partner when you talk with your partner. How do you say this?
Ss: "Do you understand?"
T: That is a little strong. Instead, use the sentence, "Did I make sense?". Many English-speaking friends of mine often say this when they talk with someone. Repeat it.
T: "Did I make sense?"
Ss: "Did I make sense?"
T: The last one is used when you want to check your understanding, saying "Do you mean...?"〈間をおいて〉Next, everyone, please stand up and practice with your partner. When you think your partner can use these sentences in the conversation, you can finish and sit down.

> 回数を指示すると空読みになりがちです。目標は「対話の中で使えること」なので「ペアの人が対話の中で使えると思うまで練習しましょう」と指示をします。

② 生徒が練習を始めると、机間支援を行います。

> 机間支援は発音の個別指導の最適なタイミングです。発音とプロソディに関するフィードバックをどんどんしましょう。

ディスカッションの準備

③ 数分後、ディスカッションの活動に移ります。生徒たちに目的・場面・状況を再度伝え、2種類の役割を決定してもらい、5分間の準備時間をとります。

> 目的・場面・状況　テクノロジーを拒むクラスメイトに、拒む前に、面倒くさがらずに、テクノロジーのいい点とよくない点を知ってほしいということを伝えるために、あの手この手で、ジェスチャーを交えたり、写真を見せたりして働きかけている。

T: You're in a public forum to discuss modern technology. Choose a role: A or B. One person should play A, and the other should play B. You have five minutes to research the necessary information.

Task 2. Discuss: Is modern technology a good thing for people and the earth?
・Choose the role A or B, and have a discussion with your partner.
・Before you begin, you will have three minutes to prepare your idea.

Role A:
You love modern technology.
You want to tell many people about the good points of new technologies.
You have three reasons why people should use new technologies.

Role B:
You are careful about using new technologies.
You want people to use new technologies wisely.
You have experience of explaining the importance of critical thinking to others.

隣どうしのディスカッション

④ 隣どうしのペアとのディスカッションを3分間します。
T: Are you ready to have a discussion? Make pairs（隣の人とのペア）and start talking. You will keep talking for three minutes.

> ここで、英語を話すのが苦手な生徒にフォローをしておきます。話すことが苦手な生徒には、教科書表現を使ってもよい旨を伝えましょう。

	想定対話例： S5: Hi, I'm S5. Let's... um... talk about... uh... modern technology. S6: Hi. Sure. I often use technology, but I think... uh... we mustn't rely too much on it. S5: Uh huh, but I like technology very much! Could you... um... give some reasons why we should be careful? S6: Yeah, sure. We... um... should control technology, not let it control us. If we use it too much, we might... um... have a hard time thinking on our own. S5: Good point... but isn't technology just a tool for us? How can it... um... control us? S6: Um...that's... true. Technology is a tool. But we must use it wisely. If we only look at screens, it might... um... harm our health and friendships. S5: I see... but can't technology help us learn new things and do more? Maybe as users, we... uh... don't have to worry too much?
	教師は机間支援の間、CSを駆使しているかを確認します。「相手が何を言っているのかわからない」と思った際に "What do you mean?" と聞けない生徒が多いので、適時、声をかけ、詰まっている今こそ使うときだということを伝えましょう。
中間リフレクショントーク	⑤振り返りの中間リフレクショントークを1分間行います。 T: Now have a reflection on your conversation with your partner.
	2年生での5つ目の課をこなすこの時期においては英語で振り返りをすることが可能だと想定できます。以下をスライドで示すとよいでしょう。 (A) the reason of your opinion (B) the things you wanted to tell, but you couldn't (C) the things you want to be aware of next time
	振り返りを具体的に書くことが苦手な生徒や、内省度合いが低い生徒が多い場合は、口頭での振り返りの場面を設けることは重要な足場かけと考えられます。
全体シェア	⑥2人を選び、内容に関するディスカッションを展開してもらいます。 T: Let me choose two students. Raise your right hands. Do Rock, Paper, Scissors together. Pay attention to your pronunciation. One, two, three. Ss: Rock, Paper, Scissors, one, two, three.
	じゃんけんは、発音練習の絶好の機会です。年度の始めは、発音指導を丁寧に行いましょう。
	T: S7 and S8, please stand up. You will have a two-minute discussion. Everyone else, please find two positive points and one thing that could be improved.
	想定対話例： S7: I really like new technology! It... uh... makes our lives better in so many ways. S8: I agree that... um... technology is useful for people, but we should... uh... be careful with it. It's important to... um... think about the results. S7: What do you mean? S8: Well... uh... some studies show that looking at a screen for a long time can... harm our health, especially kids' health. There are also... um... privacy problems... and the risk of... uh... computer problems.

	S7: I get it, but I think um... the good points are bigger than the bad points. We can... uh...talk with people all over the world and um... can do many things with them. S8: That's true, but we should...use technology...uh...carefully and should not let it control our lives. S7: That makes sense. We should pay attention to how we use technology.
全体への フィード バック	T:〈全体の前でのディスカッションの後〉It was a great discussion, wasn't it? S7 played the role of Person A. S8 played the role of Person B. S7 was trying to tell us some positive things about using new technology. S8 understood them and had a clear idea that people should not use modern technology without thinking. The reason he prepared was very interesting. Congratulations! 普段から全員の前でやり取りをすることを当たり前にできれば、自然と物おじせずに英語で発信できるようになっていきます。同時に、結果として生徒のメタ認知を育むことができると考えています。シェアの後は必ず拍手、そして勇気づける言葉をかけます。
ペア交流	⑦ 教師からのフィードバックの後、ペアで「よかったこと2点」と「改善点1点」について話し合います。その後、全体でシェアをします。 T: Now, please talk with your partner about two good things and one area to make better in their discussion. You have one minute.（1分後）Could you share your ideas, S9?
2回目の ディスカッ ション	⑧ シェアのあとは、④、⑤、⑥（時間があれば⑦）を繰り返します。前回とペアを変え、縦のペア（vertical pairs）に変更します。時間がある場合は⑦を実施してもよいでしょう。 ※2回目の⑤は「中間リフレクショントーク」ではなく、「最終リフレクショントーク」となります。
自己評価	⑨ 最後に、1分ほど自己評価を促します。生徒が自分のあり方を振り返り、内省する中で気づいたことを、他者と共有することで、自己評価の規準を生徒自身の中で育んでいくことが重要であると考えています。 T: Nice work, everyone! Lastly, let's have a reflection on what you did well today and what is needed to get better. What do you think about your own work? Share your thoughts with your partner. Talk about what you learned and what was difficult for you. Assessment as learning として、評価そのものが学びになるような取り組みを！
まとめ 5分	最後に、さらに思考を深めるため、最新の科学技術とより良く共存していくための意見をまとめるレポートを書く活動をします。このレポートは、もし現実の状況で自分の意見を伝える状況があった場合の想定した練習として行います。最後まで書く時間が取れない場合は、家庭学習（次回までの課題）とします。 Task 3. Report : What do you think about new technologies and how we should cope with them? ・Write your own opinion on technology and people. How can technology change social issues and policies? T: In the last part of today's lesson, write your own opinion on technology and people. How can technology change social issues and policies?

帯活動中に配布して展開1・2で使用するプリント

7. まとめ

「やり取りをやってみたけれどうまくいかない」「生徒が発話しない」ということがあるかもしれません。生徒が発話しないのは、生徒の英語力だけの問題ではなく、生徒の性格、ペア・グループ間の関係性、クラスの雰囲気、生徒の自信など多様な要素が絡み合っています。一概にこれで解決できるというわけではありませんが、コミュニケーションストラテジーを導入することで、クラス全体で「相手の言っていることがわからなくても聞けばいいのだ」という共通理解ができると、生徒たちはかなり英語を話しやすく、対話も続けやすくなると考えています。

Stage 2. 英語授業実践でのCLIL、ICT、UDL、PBLの模索

(1) CLIL

谷野：本課では、生徒たちのディスカッションを系統立てて教師が支援する構図ですね。Contentにも注目しながら活動を行うことで、言語面以外の知識（content）を深めることも狙えますね。芹澤先生は生徒たちがディスカッションで自主的に情報収集（今回の

場合は new technology）を行わせる際に意識されていることはありますか。

芹澤：「情報収集」については、昨今求められている「探究的な学び」の重要な要素だと考えています。インターネットという閉じた世界から、どのような情報を集めるかという視点で意識や工夫していることを2つ紹介します。まずは、「主張」と「事実」を分けて考えること。そして、「事実」については、信頼できるデータを探すことです。一次情報の方が信頼性は高いと考えていますので、気になるデータを見つけた際には、「できる限り一次情報にあたろう」とその必要性を伝えています。2つ目は、そのデータが自分にどのような感情をもたらすかについて、自分自身で考えてもらう時間をとることです。探究的な学びにおいても、当事者意識は一つのキーワードだと考えています。当事者意識をもつためには、生徒自身が調べたデータと生徒自身の内面にある感情との対話が必要です。自分の気持ちや考えにどのような影響を与えるかという問いかけをたくさん行います。

| TIP：情報収集では「主張」と「事実」を切り分け、信頼できる情報源に当たりましょう。 |

谷野：生徒たちにやり取りを促す際に、グループ内において習熟度や動機づけの差があってうまく進まない場合があると思います。芹澤先生は、そういった場合にどのような足場かけをしておられますか。

芹澤：今回取り上げた「コミュニケーションストラテジー」は、その足場かけの一つの手段です。コミュニケーションストラテジーの指導可能性については議論がありますが、実感としては、表現を練習することは非常に有効だと考えています。特に、相手の言っていることがわからないときに聞く "What do you mean?" という表現、そして、相手の理解を確認するために聞く "Did I make sense?" といった表現は、やり取りを始める学期序盤は生徒も知らない状態ですが、後半になっていくにつれて自分からディスカッションの中で使い始めます。また、やり取りを促すという点で、Willingness to Communicate（WTC）に関する理論は非常に参考になります。例えば、WTCでは英語を発話するまでの要素として、対話相手との関係性について言及しています。これは、能力があっても関係性が悪ければ話は弾まないということになります。こういったことを知っていると、対話相手を固定せず、最低でも2パターンのペアで対話するなどの工夫ができます。

| TIP：活動前にコミュニケーションストラテジーを指導し、情意にも気をかけましょう。 |

(2) ICT

米田：まずライティング活動の課題配信について具体的に教えてください。

芹澤：英語を各自のノートに書き、その写真を撮ってClassiのプラットフォーム上に提出し、

振り返りはオンライン上にするという活用です。

米田：ICTが効果的だと思うところはありますか。

芹澤：予約配信です。Writing fluencyを高める活動をするためには、帯活動だけでは時間が足りません。前時の授業終了のタイミングから、始めたいタイミングで始めることができます。休み時間から始めている生徒もいます。あとは写真で送ってもらうことで、ノートを回収する必要がありません。また、振り返りについては言語データとして生徒の手元にも残りますし、こちらもフィードバックがしやすくなります。

TIP：自己学習用にデジタル教材を生徒が効果的に使えるように準備しましょう。

米田：今回の授業中でのICT活用の事例を具体的にお願いします。

芹澤：Communication strategiesの導入で、全体での簡単な説明と口頭練習の場面でスライドを活用しています（Canva、PowerPoint、Google Slides、Keynote等）。

米田：授業がリズムよく（テンポよく）進んでいるように思えます。

芹澤：定型文の練習では、口頭練習が必要になり、そこでは、画面の切り替えをリズムよくしてフラッシュカードのように練習することができます。語彙導入の際にも、イメージと語彙を結びつける練習としても効果的です。また、ボタン一つで画面を切り替え、口頭練習ができることで、生徒たちの顔を見る時間が増えました。

TIP：デジタル教材を生徒がどのように活用しているか確認しましょう。

米田：今回の授業でICT活用について大切にされていることを教えてください。

芹澤：英語教育の最終的なゴールは、生徒たちが自分自身を自律的な（autonomous）、自立した（independent／multi-dependent）英語使用者・学習者へと育んでいくサポートをすることだと思います。そのために、自己調整学習は不可欠であり、多様な学習ストラテジーについて生徒に熟慮してもらう必要があります。DeepL、Grammarlyなどインターネットツールを存分に使用しながら学びの機会を設けてきましたが、今後は生成系AIも含め、生徒自身が学び方の一つとして取捨選択していくことを大切にしていきたいと考えています。

(3) UDL

森田：複数の先生方で授業を担当する際、授業内容の学期計画や評価方法等を担当教員で共有していますか。

芹澤：特に、評価方法については共有しています。学期始めには、配点も含めた「テストの設計図」を教員及び生徒で共有し、提示しています。授業内容の検討は、主にミーティングを活用しています。まず、年度当初のミーティングです。専任・常勤・非常勤を問わず、同じ学年の英語科教員ができる限り集まり、「教師の願い」や「規準」を確認します。

次に、学期ごとのミーティングです。生徒の学習定着度や様子を見ながら、年度当初の計画を微調整します。

森田：担当者がチームとして生徒に寄り添い、育てたい生徒像を共通認識することができていますね。

> TIP：授業内容の学期計画等を立て、担当者と共有しましょう。

森田：生徒へ配付するハンドアウトや提示するスライド等、フォントや図の配置、情報量について、何か注意していることはありますか。

芹澤：ハンドアウトについては、余白を持つ工夫をしています。これは自己調整学習を促すことに繋がっており、例えば教科書本文のパラグラフリーディングを練習する場合、理解できない文を自分自身で抜き出して書くことのできるスペースを作っておくなど、生徒がわからない箇所に対して、生徒がメタ認知を活用できる工夫をしています。

森田：生徒へ提示や配付をするハンドアウトにも配慮し、学びへ繋げている工夫がすばらしいですね。

> TIP：ハンドアウトのデザインを工夫し、生徒へ示す情報量などを調整しましょう。

森田：生徒の発話を妨げている要因は、生徒の性格や、ペアやグループ間の関係性等の多様な要素が絡み合っていることに触れておられますが、コミュニケーションストラテジー以外に、芹澤先生が授業等で留意していることはありますか。

芹澤：まず、生徒の性格です。内向的な生徒にも注視し、対話中の机間支援では生徒を勇気づけるフィードバックを多く投げかけます。次に、ペアやグループ間の関係性です。クラスの多様な生徒と対話できる機会を意図的に作っています。さらに、クラスの雰囲気づくりも大切にしており、対話後は拍手をするなど、教室全体を温かく許容できる空間にすることも大切であると思います。

> TIP：「すべての生徒が参加できる」「すべての生徒にわかりやすく」を心がけましょう。

(4) PBL

藤澤：芹澤先生は、リフレクションを帯活動として行っているし、今回の授業でも何度もリフレクションの場面があります。このリフレクションとPBLで重要な建設的な批評というのは自分の内面を丁寧に言葉にするという意味で繋がっていると思うのですが、これは生徒にとっては簡単な作業ではないですね。

芹澤：そうですね。私が意識していることは大きく2つあります。1つ目は、より良い対話のための知識やスキルに関する明示的説明を行うことです。例えば、constructive criticismの意味をみんなで考える場面を設けた後、私なりの解釈を伝えたり、集団力学や対話スキルについても紹介したりします。特にPBLではグループ活動が軸になりま

すから、その際に、生徒のリフレクションの中に埋もれている「困ったこと」や「よかったこと」を全体で取り上げて考える中で、これらの知識やスキルと関連付けて説明することもあります。2つ目は、言葉を紡ぐ練習の場面を多分に設けて、言葉を磨く練習の機会を作るということです。

> TIP：リフレクションの機会はたくさん設けましょう。

芹澤：リフレクションを対話の中でシェアをする機会はとても大切ですが、機会を作るだけでは不十分です。なぜならこのような内省的な能力には個人差があり、得意な生徒は場面を設けるだけでどんどん上手になりますが、苦手な生徒にはフォローが必要だからです。

藤澤：具体的にはどのようなフォローなのでしょうか。

芹澤：やはり重要なのはフィードバックです。「どうすればより洗練した質の高い言葉になっていくか？」について、生徒自身が前向きに考えられるようになる工夫をしています。生徒が言いたかったけど言えなかったことを言葉にしたり、他の生徒の参考になるような言葉を紹介したり、時にはストレートに勇気づけて励ますための言葉を伝えたりします。対話やリフレクションについて、生徒どうしも含めて多様な形でフィードバックの機会を作ることで、一人ひとりが言葉を紡ぐことだけでなく、それを磨くことを意識できようになると考えています。

藤澤：リフレクションと対話とフィードバックはすべて相互依存的に繋がり合っているのですね。個人ワークの視点からもグループワークの視点からも大切したいポイントです。

> TIP：リフレクションに対して具体的なフィードバックをしましょう。

Stage 3. ここに注目！授業のまとめ

　本時は、論理・表現Ⅱ「話すこと［やり取り］」イの授業です。論理・表現Ⅰ「話すこと［やり取り］」イとの比較では、"多く"の支援が"一定"の支援となり、また、「論理の構成や展開を工夫して詳しく話して伝え合うことができるようにする」については、その対象が「意見や主張」に「課題の解決策など」が加わっています。よって、「課題を明確に説明し，その解決策を提案し合ったり」することが求められ、ディベートやディスカッションをすることになります。「何が課題となっているのか，最も有効な解決策は何かなどのさらに詳しい内容について述べ合う段階」であることに留意する必要があります。「意見や主張，課題の解決策などを適切な理由や根拠とともに詳しく伝え合うために，重要性が高い根拠についてデータ等を引用しながら示す，具体例を示す，また異なる意見や観点を比較・対照するなどの，論理を展開させる上での工夫が必要になることにも留意する」ことにもなります。

芹澤先生の授業案は、教科書をそのまま使うことを前提に、様々なスパイスを使った独自の調理法が示されていて、教師や生徒がどのように発話しているのかがよくわかり、たいへん参考になります。教科書の使用は、Lesson 5（Part 1）のp. 64～p. 69で、その中のp. 65の聞く活動と、p. 67の、look forward toと本時の中心となる Let's Talk をもとにして、さらに発展させたやり取りに限定されています。特にやり取りを効率的に進めるように「プリント」があり、ウェブサイトで活用するコミュニケーションストラテジーを含む周到な準備がされていて、様々な細やかな配慮や仕掛けがなされています。授業案をお読みいただくと、やり取り成功の様々な秘訣に気づいていただけると思います。また、コミュニケーションストラテジーを取り上げ、やり取りを補助できることもとても参考になるでしょう。

　CLIL×ICT×UDL×PBL　CLILのcontentを確保するために、芹澤先生は、生徒たちが情報収集を行う際に、「主張」と「事実」を区別し、信頼できる情報源にアクセスすることが重要であり、活動の成功には生徒の当事者意識を育むことが必要だと指摘されています。また、生徒どうしの対話を促進するためには、コミュニケーションストラテジーの活用や、WTCを参考にすることが効果的であると示されています。また、ICTを使う目的として、効率をあげることや手間を省くことで生徒を評価する時間を増やすことの重要性を改めて考える機会となりました。この視点を度外視すると、ICTを使ってはいるが、画面ばかり見てしまい生徒を見ないなど、本末転倒な状況に陥る可能性があります。常に「何のためにICTを使うのか」の目的を明確にしておく必要性をインタビューから確認できました。UDLについて、授業での生徒への配慮はもちろん、教職員の関係性の向上や、育てたい生徒像の共有など、生徒を主軸としながら、教職員の連携と協力を高める工夫をなさっている芹澤先生の温かさに、森田先生はインタビューでふれることができたことでしょう。PBLについては、芹澤先生は、帯活動でリフレクションの機会を設けたり、活動後にリフレクショントークを入れたりとリフレクションに非常に力を入れていますが、単に書かせて終わりなのではなく、それに全体でフィードバックを加えながら、共有する対話の時間へと昇華させていることがインタビューからわかりました。自分の内面を丁寧に言葉にするためには、実は自分だけで行うのでは不十分で、他者に支えてもらうということが重要だと教えられます。

7	英語コミュニケーションⅢ	「聞くこと」イ
前田秋輔	数研出版 BLUE MARBLE English Communication III, Lesson 3	

「目的」ではなく「手段」としての英語を意識し、教室内でも実際の使用場面を想定して学習することが大切です。適切な目的・場面・状況を設定し、英語を用いる必然性と、英語学習に対する意欲が自然と生まれるよう、活動を工夫して取り入れています。

Stage 1.「主体的・対話的で深い学び」の授業案

1. 単元目標
- 日本の包装紙の文化(「包む」文化)と、プラスチックごみ問題について聞いたり読んだりして、理解を深めることができる。
- 環境保護についてのアイディアを考え、表現することができる。

2. 単元の指導計画 全6回

第1時	Lesson 3 の導入、言語活動(日本の文化や国民性)
第2時	第1〜2段落の内容理解、言語活動(昔から続く日本独自の習慣)
第3時	第3〜4段落の内容理解、言語活動(身近な包装と利点・欠点)
第4時(本時)	第5〜6段落の内容理解、言語活動(話の展開・環境問題への対応策)
第5時	第7段落の内容理解、発表準備:「日本のごみ問題を解決するアイディア」
第6時	プレゼンテーション発表、相互フィードバック

3. 教材観・生徒観・指導観

(1) 教材観

7つの段落でなるLesson 3では、日本の「包む」文化と、そこから派生するごみ問題をテーマとして扱っています。第1〜3段落では日本における包装の役割とその歴史、第4段落では過剰包装によるプラスチックごみに関する問題提起、第5〜6段落ではその解決に向けた各国の取り組み、最後の第7段落では、日本人の包装に対する考え方の変化と今後の展望が述べられています。本文の内容からさらに視野を広げ、日本特有の文化や国民性と、現代の変わりゆく価値観について考える良いきっかけとなるテーマになっています。

(2) 生徒観

　今までの授業でやり取りの活動を多く取り入れてきたため、短い文での発話に対する抵抗は少ないと思います。しかし、まとまった内容について話したり書いたりするときに、効果的に話を展開したり深めたりすることを苦手としている生徒が多いように感じます。

(3) 指導観

　本時ではリスニングの活動がメインですが、ただ「聞いて終わり」にはせず、学習指導要領にあるように、「聞き取った内容について，質疑応答をしたり，意見や感想を伝え合ったりする活動」に繋げるようにします。そのためコンセプトマップにキーワードをメモし、それを活用する過程を重視しています。また、社会的な話題について、自分の身近なところに落とし込んで考えられるようなテーマを設定し、主体的な考えを持たせた上で対話を行わせ、内容を深めていきます。このようにして学習した内容について、100語でまとめる要約を毎時間の宿題としています。この目的は、文章中の重要なポイントを見抜き、要点や話の展開をコンパクトにまとめる力を養うことと、自分の言葉で言い換え、表現の幅を広げることです。第2時の宿題では、第1～2段落の内容を100語に、第3時のそれは第1～4段落の内容を100語にまとめるという具合で、徐々に要約の「密度」を上げていきます。

---

pp. 36-37

③　The style of wrapping varies depending on the situation. *Pochi-bukuro*, a small envelope for giving money at New Year, is also a way in which people show thoughtfulness for others. *Pochi-bukuro* is said to have originated from *ohineri*, the tips given to performers at a banquet. At that time, customers wrapped the tip in paper to show consideration for the performers. As Japanese people thought it was impolite to give something unwrapped, the custom of wrapping spread throughout Japanese society.

④　Some people point out that wrapping food individually is also a Japanese way of expressing consideration to consumers. This seems like a warm-hearted practice, but many people around the world are concerned about the excessive wrapping in Japan. Plastic, often used for wrapping food, causes serious damage to the environment. Thus, there has been a growing international movement to restrict or ban its overuse.

⑤　Japan is trying to tackle the plastic problem in its own way. The most common approach seems to be the reuse of thermal energy, which is produced when plastic is burned. However, this process is not very environmentally friendly, because the plastic itself is not reused or reduced. Consequently, other methods are also becoming more common, such as using nature-friendly materials for bags and containers. For example, many companies have introduced alternative plastic made from plants or other eco-friendly materials. However, in many cases, those items are still thrown away after use, which unfortunately dose not reduce garbage.

⑥　In fact, many countries are now looking for new ways to reduce plastic packaging. In North America and Europe, some supermarkets have been praised for eliminating packaging for all foodstuffs. Instead, they sell food by weight, which customers take home in their own jars or other containers. Another innovation, originating in the US, is to sell food and daily necessities in reusable containers made of stainless steel or aluminum. After use, they are collected, refilled, and sold again to other customers. The world welcomes ideas to reduce unwanted plastic packaging and replace it with reusable alternatives.

⑦　These ideas from other countries offer Japan new approaches to wrapping, Until now, the Japanese custom of wrapping has been based not only on hygienic and practical reasons, but also on caring for others. That may explain why it has been difficult to reduce the amount of plastic waste in Japan. Recently, however, Japan has begun to use eco-friendly items such as reusable containers and biodegradable materials. These advances are enabling Japan to reinvent the cultural tradition of wrapping in a more sustainable way.

［数研出版 BLUE MARBLE English Communication Ⅲ（R6年度）］

4．本時の目標

　プラスチックごみの問題に関する取り組みについて、話される速さや、使用される語句や文、情報量などにおいて、支援をほとんど活用しなくても、話の展開に注意しながら、概要や要点、詳細を、環境保護についてのプレゼンテーションを行うという目的に応じて捉えることができる。

5．本時の評価規準

A　知識・技能	B　思考・判断・表現	C　主体的に学習に取り組む態度
〈知識〉　話の展開に注意しながら、概要や要点、詳細を目的に応じて捉えるために、必要となる語彙や文法を理解している。 〈技能〉　プラスチックごみの問題に関する取り組みについて話の展開に注意しながらニュースの音声を聞いて、概要や要点、詳細を目的に応じて捉える技能を身に付けている。	各国のプラスチックごみの問題に関する取り組みを理解し、プレゼンテーションに活用するために、ニュースの音声を聞いて、概要や要点、詳細を、目的に応じて捉えている。	各国のプラスチックごみの問題に関する取り組みを理解し、プレゼンテーションに活用するために、ニュースの音声を聞いて、概要や要点、詳細を、目的に応じて捉えようとしている。

6. 本時の展開 ― 英語コミュニケーションⅢ／「聞くこと」イ ―

> 前時の復習 → スキーマの活性化 → 概要や要点・詳細を捉える → やり取り → 発表

学習過程	生徒の活動、教師の指導と指導上の留意点
導入 5分 前時の復習	【前時の復習】100語要約（前時の宿題）のシェア 　まず、生徒どうしで100語要約の宿題を交換し、重要なポイント（包装の例と目的、風呂敷の今と昔、ポチ袋の起源と目的、過剰包装の問題点）が順序立てて述べられているか、自分の言葉で言い換えているかを確認しながら、参考になった点と改善できる点を互いにフィードバックします。宿題をやらない生徒をなくすために、事前にスローラーナーには足場かけをしておくこと（例えば、要約上の重要ポイントや論理展開の事前提示、模範解答から作成した穴埋め問題の課題）で支援します。また、宿題の未提出や未完成の場合には、個別に声かけをし、提出期限を再設定する、模範解答の文をバラバラにしたものを整序させる（unscramble）等で対処します。前述の宿題の目的を改めて説明し、生徒に目的意識を持たせることも効果的です。毎時の宿題をやり遂げさせることが、小さな成功体験、宿題に対する意識向上、宿題をする習慣化等の学習に好影響を及ぼすと考えます。
展開1 7分 スキーマの活性化	【Pre-Listening】本時の導入：schema activation 　教師がプレゼンテーションのモデルを提示することで、生徒は環境問題に関連した内容スキーマを活性化させるとともに、ゴールイメージを持つことができます。そして「環境を守るために高校生の自分たちができる取り組みについて考えさせて、国際シンポジウムでプレゼンテーションを行う」という本時の趣意説明をし、本時の活動を動機づけます。 ① 復習の100語要約の中に、教科書本文第4段落にあたる「過剰包装の問題点」が含まれていることを確認します。 ② 本文第4段落の第3文にある "serious damage to the environment" の部分に着目させ、"We have a lot of other environmental problems on the earth. Do you have any ideas?" と投げかけます。 ③ 地球上にどのような環境問題があるのかについてブレインストーミングをペアで行わせ、英語のキーワードを挙げます。その後に全体でシェアします。 ④ 教師が環境問題全般のプレゼンテーションのモデルを示します。写真を見せて global warming、food waste、deforestation、biodiversity loss、air pollution 等の環境問題について、それぞれ簡潔に説明します。 ⑤ 本時の全般の場面設定を示し、展開2に進む前に、教師が次のように説明をします： "You are now joining an international symposium about environmental problems. As a representative of Japan, you will make a presentation. First, let's learn how to prepare for the presentation."
展開2 20分 概要を捉える	【While-Listening 1】第5〜6段落の概要を捉える活動 　聞く目的と内容について、教師が説明します："In order to make a script for the presentation, you will listen to a news program about an environmental problem. You can take some notes about the content." これ以降の活動では、目的・場面・状況に合わせるために教科書第5〜6段落の音声を、ニュースの発音に見立てて聞かせていきます。聞き取ったことは、コンセプトマップにメモとして落とし込んでいきます（コンセプトマップの完成図は、While-Listening 2の後半に記載）。

> 目的・場面・状況　環境問題への取り組みに関するプレゼンテーションの準備をするために、素材であるニュースの音声を聞きながら、様々な地域で行われている取り組みを紹介するパワーポイントに用いる写真を選んでいる。

　ここでの「概要」とは、おおよその内容として、「日本や諸外国の様々な地域で、プラスチックごみ削減をめざした様々な取り組みが実際になされている」ことを指します。

① 何も記入されていないコンセプトマップのプリントを配付します。
② 全体像のテーマを捉えるために、本文全体で述べられている内容を、コンセプトマップの一番左の枠に名詞1語で記入するよう指示し、ニュースの音声（教科書第5、6段落の音声）を流します（答えは、solutions）。
③ 挙げられている取り組みを、コンセプトマップの真ん中の枠に加えていきます。負荷を下げるために、取り組みを表す写真の記号をコンセプトマップ内の（　）に書き込みます。パワーポイントで、環境問題への取り組みを表す（A）～（H）の写真を8つ提示します。提示するものは、まずは（A）炎が燃えている様子の写真（第5段落 "thermal energy"）、（B）植物から容器に矢印が伸びている写真（第5段落 "nature-friendly materials"）、（C）食べ物の小包装にバツ（×）が付いている写真（第6段落 "eliminating packaging"）、（D）金属製の容器の写真（第6段落 "reusable containers"）で、以上の（A）～（D）が正解の選択肢になります。次に錯乱肢として、（E）風力発電の写真（第5段落 "energy" から）、（F）ゴミが細かく分別されている写真（第5段落 "thrown away" から）、（G）食べ物をきれいに平らげている写真（第6段落 "foodstuff" から）、（H）船でコンテナを運んでいる写真（第6段落 "containers" と "world" から）を、不正解の選択肢として提示します。なお実際の授業では、これらの正解・不正解の選択肢を、ランダムに提示することになります。
④ 再び第5～6段落の音声を流し、生徒は述べられている環境問題への取り組みの概要を表す写真を選び、出現順に枠の（　）内にアルファベットを記入します（選んだ写真を⑤でペアと伝え合うことを事前に指示しておきます）。
⑤ ペアになり、自分が選んだ写真についてお互いに伝え合います。話す内容は、聞き取れた単語や、写真の描写・説明、その写真を選んだ理由等です。
⑥ 何名かに指名をして全体で答え合わせをします。実際はランダムに写真を提示しますが、答えは上から順に、（A）、（B）、（C）、（D）となります。
⑦ 答え合わせ後の復習として、もう一度第5～6段落の音声を聞かせます。教師は、適宜、音声を止め、話の内容ごとに答えを示す写真を確認します。またここで、答えを確認しながら、写真を文字化してコンセプトマップに記入していきます。答えは後述のコンセプトマップ完成図の通りです。それぞれの語句をパワーポイントで提示しながら、日本語の意味も確認していきます。

要点・詳細を捉える

【While-Listening 2】第5～6段落の要点・詳細を捉える活動

> 目的・場面・状況　より精緻なプレゼンテーションをするために、引き続き、ニュースの音声を聞きながら、要点・詳細を捉えて、それぞれの環境問題に関する取り組みの具体的内容や問題点についてまとめている。

　ここでの「要点・詳細」とは、それぞれの環境問題に関する取り組み事例に関して、話し手が伝えたい重要なポイントとしての「取り組みの問題点」（要点）や、細部の情報としての「取り組みの具体的内容」（詳細）を指しています。プレゼンテーションの内容をより充実させるという目的で、話の展開に注意しながら、各取り組みの問題点や具体的内容をコンセプトマップに記入していきます。

① まず、聞き取る音声の未習表現を確認するために、注釈の付いた新出語句を、語句、発音、品詞、語義、英語での定義が記載された下の例のようなプリントで確認します。ペアで語句以外の部分を隠しながら、上から順に発音、品詞、語義を予測して言い合います。1分後にこのプリントを使って"repeat after 先生"をします。なお生徒のレベルに応じて、ペアの片方が英語での定義を読み、もう片方が語句を当てるという活動をすることもできます。

語句	発音	品詞	語義	英語での定義
wrap	rˈæp	動	包む	to cover sth/sb in material
individually	ɪndəˈvɪdʒuəli	副	個別に	one by one; separately

② メモの取り方について、以下の1〜3を提示して説明していきます。なおこの他にも生徒が実践しているメモのコツがあれば、全体でシェアします。
 1. 聞く目的をはっきりさせ、要点や全体把握のポイントをメモする。
  → 聞く前に、何を聞きメモするかを確認します。ここでは、各取り組みの具体的内容と問題点に注意して聞きます。
 2. 別の語句に言い換えずに、コンパクトにメモをとる。
  → 必要な情報を洩れずにメモするために、基本的には言い換えをせずに、聞き取った文の重要なキーワードに絞って書き取ります。また長い単語はわかる範囲で、綴りの途中でメモを終えてしまってもよいことを伝えます。
 3. メモの簡略化のために、略語やイラスト、記号を用いてもよいとする。
  → 例えば、one week を 1 w、before や after を bf や af、environment を envi のように略す、not を ×、and を ＋、building を □ のように記号やイラスト化する、因果関係を→、理由を（ ）で表す等の方法があります。重要なのは、あらかじめ自分なりのルールを作っておくことです。

③ メモの取り方の実践として、それぞれの取り組みの「問題点」と「具体的内容」を聞き取り、コンセプトマップの一番右側の枠に書き込みます。ここでは、答えの部分を、主語や be 動詞を省き、できるだけコンパクトに書き取るように指示します。教科書第5〜6段落の音声を流してメモを取らせます。

④ さらに前述のメモの取り方②-3の記号を用いることを実践します。プリントに描かれたコンセプトマップの、最後の枠をつなぐ線の部分に、その取り組みの「問題点」が述べられている場合は△を上から描き、問題点が述べられておらず、詳細な「具体的内容」が述べられている場合は線を1本増やして＝（イコール）の記号にするよう指示します。第5〜6段落の音声を流し、その後、答え合わせをします（上の2つは△、下の2つは＝）。

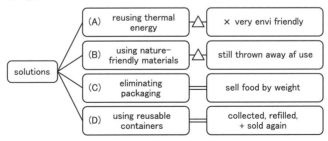

コンセプトマップ完成図（例）

＊コンセプトマップ完成図（例）の各項目については、左から「テーマ」―「取り組みの概要」―「取り組みの問題点（要点）や具体的内容（詳細）」を示しています。

		⑤ ペアになり、互いのメモを交換し、適切な内容でコンパクトに書き取っているかを確認し合います。その後、全体で答え合わせをした後に、復習として、もう一度第5〜6段落の音声を聞かせます。教師は適宜音声を止め、それぞれのポイントが言及されている箇所を確認します。
		⑥ 要点・詳細を捉えるために話の展開に注意する必要があるので、ディスコースマーカーについてschema activationを行います。まず、④の活動の△の根拠となるキーワードを、開本で文字を見せた上で、生徒に尋ねます。この場合はいずれもhoweverがキーワードですが、これはディスコースマーカーの一例で「対比」を示すことを確認させて、他に「逆接」「例示」「結果」「言い換え」「追加」等があることを示します。いくつか例示したあと、ペアでディスコースマーカーを挙げさせ、その後、クラス全体でシェアします。
展開3 18分 やり取り 発表		【Post-Listening 1】第5〜6段落で聞き取った内容についてのやり取り 　ここでは、While-Listening 1・2で聞き取った内容について、意見や感想を伝え合う活動を行います。グループになり、ニュースの音声の中で言及されなかった情報を考えて補足しながら、ディスカッションを行います。 ① 完成したコンセプトマップをペアでお互いに見せ合い、抜けている要素がないかを確認します。また、前述の完成図をプロジェクターで提示します。 ② 4人グループでコンセプトマップ内の（A）〜（D）それぞれの担当を決めます。自分の担当の部分の取り組みについて、ニュースの中で述べられなかった利点や問題点、そしてその理由や具体例を自分で考え、マップの余白部分にメモしたり、枠を増やしたりしながら追記していきます。 ③ グループ内で話をする順を決め、シェアをしていきます。最初の生徒が自分の担当について説明をする際、次に控えている生徒は、取り組みの詳細、その次の生徒は利点、さらにその次の生徒は問題点について、それぞれ質問を即興で尋ね、対話をしながら内容を発展させて深めていきます。 ④ 良きモデルとして数名を指名して全体の前でやり取りをさせます。まず1人を指名して担当の取り組みについて説明させ、もう1人を指名して取り組みの詳細、利点、問題点のどれかについて尋ねさせながら、30秒程度時間を計ってやり取りをさせます。また、オーディエンス生徒にしっかりとやり取りを聞かせるために、やり取り後にその生徒の一人を指名して、質問、コメント、補足をさせます。 【Post-Listening 2】身近にできる環境への配慮についての発表 　まとめの技能統合活動として、本時の内容を生徒の身近なところに落とし込み、「高校生の自分たちが環境を守るためにできること」というテーマでコンセプトマップ形式のメモを作り、発表を行います。 ① 4人グループになり、自分たちが環境を守るためにできる取り組みについて、ブレインストーミングを行います。例としては、エコバッグ持参（reusable shopping bag）、節電（saving electricity）、食品ロス削減（reducing food waste）、地産地消（local production and consumption）、3R（reduce, reuse, recycle）、クリーンエネルギーの活用（using clean energy）などがあります。 ② ブレインストーミングで挙がった取り組みをクラス全体でシェアします。 ③ 生徒は自分でテーマを1つ選び、1分程度の短いプレゼンテーションの内容を考え、コンセプトマップ形式のメモに落とし込みます。その際、下記のルーブリックを提示して、準備と発表の際に活用できるようにしておきます。

		3	2	1
	語句・文法	正確に語句や文法を用いている。	語句や文法に少し誤った使用がある。	語句や文法の使用に誤りが多い。
	構成	ディスコースマーカーを3つ以上効果的に用いている。	ディスコースマーカーを1〜2つ適切に用いている。	ディスコースマーカーを用いていない。
	内容	取り組みの具体的内容を詳細に伝えている。	取り組みの内容をおおまかに伝えている。	取り組みの内容を伝えていない。
	表現技術	自然な英語で、ジェスチャー等の表現の工夫をしている。	少し不自然な英語ではあるが、少しはジェスチャー等の表現の工夫をしている。	自然な英語ではなく、ジェスチャー等の表現の工夫をしていない。

④ グループ内で、順に発表していきます。聞き手側は、上記のルーブリックで評価し、発表後にフィードバックします。

⑤ グループ内で最も良かった生徒を選ばせ、その中の数名にクラス全体でモデルとしてシェアさせます。教員が前述のルーブリックで評価し、オーディエンス生徒は質問やコメントをします。

まとめ	次回の授業で、単元末の活動として、「日本のごみ問題を解決するアイディア」というテーマでプレゼンテーションの準備を行うことを予告します。今回の活動で触れたプレゼンテーションの論理の展開をさらに効果的に活用するよう生徒に伝え、次回の授業へ繋げていきます。なお、本時の最後に発表した内容をパラグラフまたはエッセイに書いて表現することを宿題とします。

7. まとめ

単元をとおして、リーディングやリスニングで各段落の内容を理解しつつ、関連したトピックを用いた言語活動でスピーキングを行うことで、さらに考えを深めていきます。そこから、要約の宿題や単元末プレゼンテーションのまとめの活動でライティングに落とし込むサイクルを作り、4技能・五領域を統合した指導をしていきます。

Stage 2. 英語授業実践でのCLIL、ICT、UDL、PBLの模索

(1) CLIL

谷野：生徒たちが、まず教科書のcontentをグループ内で深化させて、その情報を共有して取捨選択するという活動をしておられますね。生徒たちに教科書のcontentに興味をもたせ、深く情報を探させるために工夫しておられることがあれば教えてください。

前田：内容については、他教科との関連性や、幅広いジャンルのトピックの選定に重きを置いています。一般的に、学級内に在籍する生徒たちは多様な個性を持っており、それぞれの興味・関心や得手・不得手も様々なものがあります。そのような集団の中で、例え

ば英語が苦手だが家庭科に興味がある生徒がいるとします。本授業案に当てはめると、「環境に優しいエコバッグの素材やデザインについてもっと調べてみたい！」「自分が知っていることについてたくさん語って相手に伝えたい！」という気持ちを刺激し、それが自分自身と周りの生徒の「主体的・対話的で深い学び」を活性化させることができるのだと思います。さらに、英語を手段として用いながら内容面を深めさせるような仕掛けを作ることで、英語はあくまでツールであるという意識を持たせることができるのも、内容言語統合型学習のメリットであると考えます。

> TIP：多様な生徒のタイプを考慮し、内容のバリエーションを豊かにしましょう。

谷野：生徒たちに情報を与え（今回の場合はリスニング）、その情報を整理するための手順を授業内で示しておられますね。このようなリスニング教材を準備する上で言語面やcontentの面で注意しておられることがあれば教えてください。

前田：リスニングでの理解は、読み返しができるリーディングよりも負荷が増すため、言語面においては専門用語や難しい単語を簡単に言い換える、意味を予測しやすいように説明する、写真や映像の視覚情報でヒントを与える等の工夫をしています。このようにして適切な足場かけをしながら、リスニング教材の英語のレベルが生徒のおおよその平均よりも僅かに高くなるよう、いわゆるインプット仮説の $i+1$ になるよう調整することを常に意識しています。また内容面では、事前に内容スキーマを活性化させ、スムーズな理解に繋がるように工夫しています。そして、内容を「与え過ぎない」ことも大切です。本授業案では、環境問題に関する取り組みについてのニュースを聞かせていますが、取り組み事例についてすべての詳細な情報を与えることはせずに、ニュースの中で言及されていないことについて考えて内容を深める活動を、展開3で取り入れています。

> TIP：生徒の現状に応じて、言語やcontentの質や量を調節しましょう。

(2) ICT

米田：この授業では、まずプレゼンの見本で写真を見せる活動と、いくつか写真を提示してリスニングの答えとして選ばせる活動をされていますね。

前田：大きく写真を提示することで、後ろの席の生徒もよく見えるようになります。また、ICT活用の効果的なプレゼンを教師が見せることで、提示すべき写真、発表時の立ち位置や視線、ジェスチャー等を生徒に意識させることができます。

米田：プレゼンテーションのスキルは社会で必要なスキルですからね。

前田：ICTを活用して視覚情報（カラーなど）を与えることで、時間短縮にも繋がります。また、未習の表現、漠然とした概念、説明に時間がかかる等の言語化が困難なものを、写真や絵、動画等で提示することは、特に生徒の理解には効果的です。パワーポイントの

アニメーション「クレジットタイトル」も使っています。教科書の本文を、画面の下から上に流すことができます。スピードは自由に設定でき、ゲーム性を持たせて読ませたりする活動に応用しています。

| TIP：デジタル教材を加工して授業でいつでも使えるように準備しておきましょう。 |

米田：コンセプトマップの完成図をプロジェクターで提示する場面などがその一例ですね。

前田：教員が黒板に書く手間を省くことができ、パワーポイントや電子黒板の機能を使えば、その場でコンセプトマップに直接書き込むこともできます。情報を付け加えたり、大切なところをハイライトしたり等が即座にできることもメリットだと思います。

| TIP：デジタル機器をどのように使用すると効果的であるかを計画しましょう。 |

米田：ICT活用において問題や課題と感じられていることはありますか。

前田：ICT機器の故障や動作不良時の対応を考えておくことが必要です。写真は、予備で印刷してきた紙を見せるとか、黒板に簡単に絵を書く等の対応策の用意をします。また、ネット上の動画や音声を活用する際は、端末にダウンロードしておきます。何らかの動作不良の時には、関連トピックについて投げ込みで話し合わせるなども考えておくことが必要です。

米田：ICT活用の課題としてやはり、動作不良がどうしても起きます。前田先生のような準備（いわゆるplan B）は、もちろんたいへんですが、大切ですね。後は、生徒が各自で端末を持っている場合は音声を入力させたり、動画を撮らせて後で確認させたりすることもできます。

| TIP：デジタルもアナログ教材もどのように使用するかを事前に計画しましょう。 |

(3) UDL

森田：校内全体の教室環境や生徒が学習に取り組む上で、留意していることはありますか。

前田：教室環境については、教室前方の掲示物を最小限にすること、教室側面の壁面に関しても、座っている生徒の目線と同じ高さに掲示しないこと等全体で共通認識を図っています。また、パワーポイントを利用して授業をする際は、教室後方に座っている生徒でも見えるように、太めのフォントで大きいサイズを使用しています。教室配置による太陽光の入り方によっては、スライド背景を黒とし、白い文字で表示したほうが見やすいこともあります。さらに、教室前方両端の座席に座る生徒は、窓から入る光の反射により、スクリーンが見づらくなることがあるため、席を移動させるなど、座席のレイアウトも工夫しています。

森田：生徒が学習に取り組みやすくなるよう、学校全体で教室環境や生徒へ提示する教材資料の工夫や生徒の座席配置などに非常に共感できます。

| TIP：校内全体の学習環境を整えましょう。 |

森田：教室には、多様な生徒が在籍していますが、授業を立案、実施する際、留意していることはありますか。

前田：スローラーナーとアドバンス・ラーナーの両方への配慮を行うよう留意しています。例えば、本単元の指導計画の第5時で、プレゼンテーションの発表準備で原稿を検討する際、スローラーナーを対象として、黒板に原稿の型を示しておき、穴埋めをすることで、ある程度の形になるようにサポートします。一方で、アドバンス・ラーナーには、原稿完成後の時間を活用し、パラフレーズして別のパターンの文章を作成したり、要約したりする時間に充当しています。長文の問題演習の際も、黒板には、生徒にとって難易度の高い単語の語義を書いたり、追加問題を用意したりと、生徒自身が自分のレベルに合った活動を選択し、効果的な学びを実現できるように工夫しています。さらに、多様な生徒の学習進度に対応する際、本文内容の理解が難しい生徒には日本語訳を掲示しておく、また、もっと深く学習したい生徒には別紙の関連英文を用意しておくなど、プラスアルファの学習でサポートしています。

森田：多様な生徒の学びに対応できるよう、様々な教材をご準備され、生徒に寄り添ったサポートをなさっておられますね。

| TIP：個の学びを尊重して、授業を設計しましょう。 |

(4) PBL

藤澤：本時では「高校生として身近にできる環境への配慮」として、クラスメイトへのプレゼンテーションが想定されていますが、PBLでは教室内に留まらずに、思わず生徒が本気になる成果発表の場を設けることで、生徒の内発的動機づけを促そう！と言われます。単元末の課題の「日本のごみ問題を解決するアイディア」のプレゼンテーションでは、生徒以外のオーディエンスは想定されていますか。

前田：例えば、企業、自治体、学校に対して、ごみ問題を解決する具体的なアイディアを挙げてプレゼンテーションを行わせる場面を設定したいと考えています。2020年に、菓子メーカーに対する、容器包装の削減を呼びかけた女子高生の署名活動が話題になりました。そのようなイメージで、例えば、市役所や自分の学校に不用品譲渡のコーナーを設けるべき等の高校生の視点で考えたことについて、大人に対して説得力のあるプレゼンテーションをさせる機会を設けるのが理想です。生徒の実生活とリンクしていて身近に考えることができ、さらに、うまくいけば、自分たちのアイディアが採用されるかもしれない！小さいことだが社会を変えられるかもしれない！といったワクワク感が、生徒の内発的動機づけに繋がると考えています。

藤澤：PBLの意義の核心的な部分ですね。自分のアクションが誰かの役に立つことが実感できる機会は、生徒の学びに対する姿勢を大きく変えると思います。しかし、このような成果発表の機会を設けることには、時間の問題、場所の問題、リソースの問題、コストの問題、心理的な問題など様々なハードルがありますよね。

前田：企業や自治体を巻き込んだ大きなプロジェクトを行うとなると、教員側で多大な時間と労力を要し、そこが大きな障壁になるかと思います。協賛してくれる事業所を探すところから始まり、とてもたいへんだからです。この問題への対処法として挙げられるのは、まずは周りを巻き込むことです。賛同してくれる教員（他教科でもかまいません）や協力してくれる保護者を募り、業務を分担していけば、規模の大きなプロジェクトも実現可能になります。また、プロジェクトがひとたび実現すると、次に同じような試みをする場合に、前回の反省を生かし、さらに効率的・効果的に発展させていくこともできます。一番初めにプロジェクトを始めるのには時間と労力を要しますが、前例を作り軌道に乗せて定例行事のようにすれば、実施のハードルが下がり、その後も流れが続いていくと思います。

> TIP：教員以外にも関わってもらって、生徒が思わず本気になるような成果発表の場を設けましょう。

Stage 3. ここに注目！授業のまとめ

　本時は、英語コミュニケーションⅢ「聞くこと」イの授業です。この科目は高校3年生で扱うと思います。聞くことについて、中学校では、必要な情報を聞き取る、概要を捉える、要点を捉えるということを、言語活動を通して身に付けています。それを進化発展させることをめざして学習を進めますが、具体的には、高校での「聞くこと」イについて、英語コミュニケーションⅠから英語コミュニケーションⅢへ進行すると、支援の活用がほとんどなくなり、「話の展開に注意しながら」「詳細」を目的に応じて捉えることが求められます。

　前田先生の授業では、"Think-Pair-Share"的な流れがあり宿題への対応までがきっちりされています。まず背景知識の活性化として、教師が環境問題に関するプレゼンテーションのモデルを提示します。その後、聞くことについて、目的・場面・状況の設定のもとで、概要を捉える活動へ、さらには要点・詳細を捉える活動へと進みます。Post-Listeningとしては、やり取りと発表を扱い、それまでの言語活動で完成させたコンセプトマップを活用することにより、すぐれた言語活動の実践となり、豊かな学びになっていると思います。

　さらに細かな点に注目すると、例えば、メモの活用の仕方が教えられて、さらにその簡略化のためのリスニングストラテジーを生徒は理解して使います。また、ディスコースマーカーや

コンセプトマップの活用を、話の展開に注意することや要点・詳細を捉えることに繋げています。最後の発表では、ルーブリックで自分の発表を評価できるので、student-friendlyな活動になっていると思います。リスニング力も一朝一夕で簡単に身につくものではありません。授業の中で方略を教えて、リスニング力をきちんと鍛え、テスト対策のみにならないように扱われています。さらには、書くことの宿題ですぐれた統合的な言語活動をめざしていると思います。

CLIL × ICT × UDL × PBL CLILでは、contentについてのスキーマの活性化においては、「contentを"与え過ぎない"ことも大切です」とのことで、考えて内容を深める活動を他で取り入れることによって、思考が深まるということに繋がることを学びました。ICTでは、ICTに頼り過ぎないように授業の工夫をされています。例えば生徒への指示や解説について、すべて文字化して提示する以外に、黒板を活用したり、教員の説明を集中して聞かせたりしています。ICT機器やツールは、その活動の目的や特性に応じて、効果的に用いることが大切だということを教えてくれています。UDLについて、生徒の学びを適切にサポートするために、学習環境の整備に学校全体として取り組んでいる姿勢は、非常に大切ですね。また、スローラーナのみならずアドバンス・ラーナへの配慮をされていてすばらしいですね。PBLについて、本時では「高校生として身近にできる環境への配慮」として、クラスメイトへのプレゼンテーションが想定されていますが、単元末では企業や自治体の担当者を招いて「日本のごみ問題を解決するアイディア」を発表する場を設けたいとインタビューで述べられていました。そうすることで、自分たちのアイディアが採用されるかもしれないという現実世界との繋がりをより身近に感じられます。これはまさにPBLの意義の根幹部分になります。

8	論理・表現Ⅲ	「話すこと [発表]」イ
松山知紘	新興出版社啓林館 Vision Quest English Logic and Expression III, Lesson 13	

> 生徒どうしが考えを共有し、学びを互いに深め、高め合うことができることが、学校で学ぶ意義であると考えています。だからこそ、受験を控えた高校3年生でも「英語を使って学び合うことができる授業」を行いたいと思っています。

Stage 1.「主体的・対話的で深い学び」の授業案

1. 単元目標

QRコードを利用した支払いシステムの文化祭への導入について、複数の資料を活用しながら、多様な語句や文を適切に用い、論理の構成や展開を工夫して、複数の段落から成る文章で自分の意見を伝えて聞き手を説得することができる。

2. 単元の指導計画 全4回

第1時（本時）	・新聞、ブログなどを読み、第3、4時のアウトプットに向け、ブレインストーミングを行った後、ペアでスピーチをし、相互フィードバックを行う。
第2時	・原稿作成と発表に向けた練習を行う。最後にスピーチを録画し、ペアの生徒どうしで相互に鑑賞して、フィードバックをする。
第3時	・グループ内でのスピーチを、JTEとALTが分担して、deliveryやQ&Aの対応の観点で評価する（ティーム・ティーチング）。
第4時	・第3時のスピーチを受けてcounter-argumentを考える。それも加えた5つのパラグラフで200〜250語程度のエッセイを授業内で書く。

3. 教材観・生徒観・指導観

（1）教材観

Vision Quest English Logic and Expression IIIの教科書は、見開き2ページで1つのレッスンが完結するように構成されています。左ページで「聞くこと」あるいは「読むこと」のインプット活動を行い、右ページでその内容を整理し、自分の考えや主張をまとめ、最後に複数のパラグラフを話したり書いたりするアウトプット活動が用意されています。社会的な話題も多

く、高校3年生に考える材料をたくさん与えることができます。

(2) 生徒観

　生徒は1、2年生の間に授業を通して英語を使う活動をたくさん経験しているため、話すことを中心としたコミュニケーション活動には非常に積極的に取り組みます。とはいえ、論理性と一貫性を意識して話すことや書くことに関してはまだまだ伸びる余地があります。

(3) 指導観

　本時は第3時のスピーチ、第4時のエッセイの導入となる授業でもあります。教科書の英文を、アイディアを得るための資料の一つとして活かし、生徒は新聞記事2本と英語でのブログ記事を読み、自分の考えを練っていきます。スピーチをペアで聞いてフィードバックをするという、共に学びを高めあう機会も設定しています。そして第4時のfive-paragraph essayを書く活動では、高校3年間の論理・表現の授業で培った成果を発揮してもらいます。

4. 本時の目標

　社会的な話題（QRコードを利用した支払いシステムの文化祭への導入）について、支援をほとんど活用しなくても、スピーチの活動を通して、読んだことを活用しながら、多様な語句や文を目的や場面、状況などに応じて適切に用いて、聞き手を説得できるよう、自分の意見を、論理の構成や展開を工夫して詳しく話して伝えることができる。

5. 本時の評価規準

A. 知識・技能	B. 思考・判断・表現	C. 主体的に学習に取り組む態度
〈知識〉 聞き手を説得できるような多様な語句や文を理解している。 〈技能〉 自分の意見について、聞き手を説得できるよう、論理の構成や展開を工夫して詳しく話して伝える技能を身に付けている。	文化祭におけるQRコード支払いの是非について、聞き手を説得できるよう、自分の意見を、論理の構成や展開を工夫して詳しく話して伝えている。	文化祭におけるQRコード支払いの是非について、聞き手を説得できるよう、自分の意見を、論理の構成や展開を工夫して詳しく話して伝えようとしている。

Lesson13 *The rise of the cashless society*

INPUT You recently used an electronic payment system for the first time. Since you are interested in its advantages and disadvantages, you've decided to choose this topic for a class project. You are reading the following article about a cashless society.

A Electronic payment makes life easier

More and more people are making payments without using cash. One way is to read the QR code placed in front of the cash register and pay with your smartphones. Alternatively, shoppers can have the cashier scan the QR code displayed on their phone. It's easy to use, and if you have never used it, you should try it.

One of the advantages of electronic payments is that you don't need to carry cash if you have a card or access to a smartphone. In other words, you don't have to worry about how much money you have in your wallet. Another advantage is the speed of the payment process, which allows you to make purchases more quickly. Electronic payments are also beneficial to the store. The speedy payment makes the checkout process more efficient and reduces labor costs. It also reduces the amount of cash kept in the store, which is a good security measure. Thus, electronic payments are beneficial to both customers and stores.

B Subject : Will they know what we're buying? Posted by Kay (May 16th, 2024)

Electronic payments are certainly convenient, but won't they give companies access to our purchasing information? It seems to me that our society is becoming more and more controlled. Also, what will happen if we lose our smartphone or the battery runs out? I'm afraid of becoming too dependent on my phone.

［新興出版社啓林館 Vision Quest English Logic and Expression III（R6 年度）］

6. 本時の展開 ― 論理・表現Ⅲ／「話すこと［発表］」イ ―

> 読むこと（要点を把握してまとめる）→
> スピーチ（準備、発表1・2）→ 振り返りと自己評価

学習過程	生徒の活動、教師の指導と指導上の留意点
導入1 5分 Small Talk と導入	(1) 本年度の文化祭に向けて、金券と硬貨の扱いについての教師の Small Talk を聞きます。その最後の問いが次に読むことになる新聞記事の内容に繋がります。 　Small Talk の要約：生徒たちは文化祭に向けて準備している。文化祭では実際のお金ではなく、金券を使用するが、金券に関わるお金のやり取りは、生徒や生徒会、担当の教員にとって手間がかかることと、小銭を用意するには高い手数料がかかってしまうということについて課題がある。もし、文化祭で電子決済（キャッシュレス決済）を使うことが生徒会から提案されたら賛成するか。 (2) 高校生が QR コード支払いシステムの「星陵ペイ」を開発し、文化祭で使用したという新聞記事（参照1）を読みます。その後、今回の単元のトピックとなる問い（Do you think our school should use a QR code payment system at our school festival as written in the news article?）を教師が投げかけます。
導入2 3分 第3、4時の説明	(1) 第3、4時に行うスピーチと書くことの活動の説明 　教師は第3、4時に行うスピーチと書くことの活動のトピックとその条件等を説明します。下記がその内容です： 　・トピック － Our school should use a QR code payment system at the school festival. 　・条件 － This QR code payment system is used on the Students Only Day and students install the payment system application on their smartphones. 　　　〔生徒限定の日だけの使用としているのは、外部のお客さんの来訪を想定すると考慮すべき要素が多くなるからです。〕 　・Speech の構成 － Introduction + Body (Reason 1 + Reason 2) + Conclusion の four paragraphs、150〜200語程度、2分半以内。 　・Writing の構成 － Introduction + Body (Reason 1 + Reason 2 + Reason 3) + Conclusion の five-paragraph essay、250語程度とする。第3時にクラスメイトの speech を聞いた後、自分の意見への counter argument を考えて、reason として付け足す。 　　　〔書くことの活動もここで伝えることで第3時のクラスメイトのスピーチをより主体的に聞くことができるようになります。〕
展開1 15分 読むこと	【Pre-Reading】スキーマの活性化のために pros and cons を予測する。 　キャッシュレス決済に関する2つの英文を読む前にキャッシュレス決済の良い点と悪い点を考えます。まずは個人で考えた後、ペアで考えを共有し、最後にクラス全体で考えを共有します。教師はそれを黒板に書きます（想定される項目）。 - pros: don't have to carry cash/ make quick payment/ earn points/ make online shopping easier/ reduce labor costs in stores - cons: give personal information/ difficult to know how much people spend/ cannot use cashless payment when a smartphone battery runs out/ exclude people who don't have smartphones

【While-Reading】要点を把握し、まとめる。

> 目的・場面・状況　生徒会からの文化祭でQRコード支払いシステムを利用する案について賛成・反対を表明するので、キャッシュレス決済の良い点と悪い点を知るために、教科書の記述及び英字新聞の記事から要点を把握し、まとめている。

次の「話すこと」の活動に利用するために、教科書 p. 46 の英文と The Mainichi の新聞記事（参照 2）を読み、要点を把握し、今回の speech と writing のトピックと条件に合致する advantages と disadvantages を表に抜き出します（下は想定例）。

	advantages	disadvantages
textbook	don't need to carry cash / make the payment process faster / make the checkout process more efficient / reduce labor costs	have trouble when people lose their smartphone or the battery runs out
the article	60 % of third-year Junior High School (JHS) students use cashless payment / complete the payment instantly / need no change after the payment is done	30% of third-year JHS students don't use cashless payment / risks of illicit use when the smartphone is lost / tend to spend more

想定される advantages と disadvantages

【Post-Reading】要点把握のチェック

作成した表をまずはペアで、後にクラス全体で共有します。教師は生徒から出た advantages と disadvantages を黒板に書いて、要点が把握できているかを確認します。その際にスピーチの「条件」に合っていないものを抜き出していないかに注目します（例えば、reduce the amount of cash kept in the store という advantage や、give companies access to our purchasing information という disadvantage は、条件に合わないので表に入りません）。

展開 2
26 分
話すこと
SC Sheet
［3 分］

> 目的・場面・状況　生徒会からの「文化祭でQRコード支払いシステムを利用する案について各クラスの意見を聞きたい」との要望への対応として、クラスメイトを説得するために、クラスのHRで賛成あるいは反対の立場でスピーチをしている。

【Pre-Speaking［Production］】スピーチの準備とスピーチ発表：1回目

(1) 教師は Speech Checklist Sheet（以下、SC Sheet。次のページ参照）を配付し、今回のスピーチの目的、それを達成するために必要な下記のポイントを確認します。

① 今回のスピーチの目的は聞いている人（クラスメイト）を説得し、自分の意見に同意してもらうことです。

② その目的を達成するためには、論理の構成や展開を工夫して、説得するために効果的な語句や文を使って、聞き手に訴えかける必要があります。

③ SC Sheet には論理の構成や展開を工夫する上で必要な要素を載せています。今回は先ほど読んだ passages（教科書 p. 46 の英文と The Mainichi の新聞記事）における今回の条件に合致するキャッシュレス決済の advantages or disadvantages を reason の中に入れることが必要です。聞き手もわかっている知識なので理解してもらいやすいからです（これも工夫の一つ）。

④ スピーチの最後に聞き手から SC Sheet の最後にある "I agree" に○をつけてもらうことができれば、クラスメイトを説得し、同意してもらうという目的が達成できたことになります。

Speech Checklist Sheet

Goal: To convince your classmates to agree with your opinion
To achieve this goal, (1) pay attention to the logical structure and development, and
(2) use vocabulary and expressions that are effective in persuasion.

part	Contents	yes / no	Useful Expressions
Introduction	· Have an interesting hook.	yes / no	
Introduction	· Introduce an opposite opinion.	yes / no	Some people think ….
Introduction	· State your opinion.	yes / no	However, it is my strong opinion …. However, I strongly believe that ….
Body	· Use the advantages and disadvantages from the reading passages to support your reasons.	reason 1 yes / no reason 2 yes / no	According to the textbook, …. The newspaper article says that ….
Body	· Connect your support to your reasons.	reason 1 yes / no reason 2 yes / no	This means that …. / It follows that …. / In this case, …. / This suggests that …. / As a result, ….
Body	· Use transitional words effectively so that the listeners can easily follow the speech.	yes / no	First(ly) / Second(ly) / Also / In addition / Moreover / However / On the other hand / In fact / Actually / So / Therefore / Similarly / Especially
Conclusion	· Restate your opinion.	yes / no	In conclusion [Considering that …], I am sure you'll agree that ….

[Feedback]
The good thing about your speech is ….
The point to improve is ….
After listening to your speech, [I agree] / [I'm afraid I don't agree] with your opinion.

[Reflection]
· Write down some of the effective phrases or sentences you used to persuade your partner.

· How can you make your speech better next time?

Speech Checklist Sheet

> SC Sheetの構成はいわゆるpersuasive speechの型になっています。このシートに沿ってスピーチを作成していくことで、自然とパラグラフ間あるいはそれぞれのパラグラフ内の論理の構成や展開（結束性・一貫性）において最低限の工夫ができるという仕掛けになっています。

> 本時の目標が達成できたかをペアの生徒からのSC Sheetと自分で記入したSC Sheetで評価します。スピーチを聞く生徒は、論理の構成や展開を追うだけで精一杯だと思われますので、「SC Sheetの表現を用いることができている」かを今回は自己評価のみで行います。総括的評価は第2時以降に行うので、本時の授業をもとに第2時以降の自分のスピーチをどのようにより良くすることができるかの形成的評価として、本時の評価を活用します。

ブレインストーミング[8分]	(2) 展開1でまとめた表をもとにブレインストーミングを8分程度行います（クラスの状況に応じてアイディアをまとめやすくするためにブレインストーミング・シートを配付することもできます）。ブレインストーミングを深めるさらなる資料として、キャッシュレス決済についての調査をまとめた記事（参照3）を Google Classroom 等で教師が紹介します。 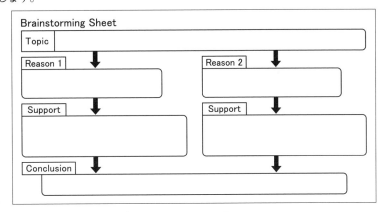 ブレインストーミング・シート
スピーチ練習とフィードバック[7分]	(3) ペアになり、SC Sheet を交換し、互いにスピーチを行います。ペアの生徒はスピーチを聞きながら、SC Sheet の項目が満たせているかをチェックし、スピーチ終了後は、"相手の意見に同意できたか"、それ以外の"良かった点（compliments）"と"改善点（suggestions）"の3項目についてペアの生徒にフィードバックをして、SC Sheet を返します。 もし時間的な余裕があれば、この段階でできるだけたくさんの生徒とペアになってスピーチを行い、フィードバックを得る機会を作りたいです。そうすることで、より対話的な学びの機会になりますし、フィードバックを通して自分のスピーチを改善し、より自信をもつことにも繋がります。 (4) 教師は生徒がフィードバックをもとに修正する時間を少し取ります。
スピーチ[5分]	【While-Speaking ［Production］】スピーチ発表：2回目　（本番のスピーチ） 　別の生徒とペアになり、SC Sheet を交換し、互いにスピーチをします。
振り返りと自己評価[3分]	【Post-Speaking ［Production］】振り返りと自己評価 (1) SC Sheet の項目をもとに先ほどと同じ3項目についてペアの生徒にフィードバックをして、SC Sheet を返します。 　フィードバック時の生徒どうしの想定対話例 　　S1: Thank you for your speech. I was impressed by your speech! 　　S2: Really? I'm glad. 　　S1: The good thing about your speech is that you used transition words very effectively and I could easily follow your speech. 　　S2: I paid a lot of attention to them. 　　S1: I see. On the other hand, the point to improve is that the data you used to support your second reason is not strong enough. 　　S2: What do you mean?

	S1: You used the data from the newspaper article saying that 61.8% of third-year junior high school students in Japan use a cashless payment system. However, the article also says that only 21.6 % of the students use a cashless payment system with a QR code payment system. S2: You mean that few students are used to using a QR code payment system? S1: That's right! You said there would be no problems but I don't think so. So, after listening to your speech, I'm afraid I don't agree with your opinion. S2: Thank you for your kind feedback. I should think about the second reason again and I'll make my next speech more persuasive.
	(2) ペアの生徒から返ってきたSC Sheetや、フィードバックをもとにSC Sheetに自己評価を行い、自分が使った中で良かったと思える表現や、文及び次の授業でスピーチの内容をより良くするために必要なことを書きます。ペアからのSC Sheet及び自分が記入したSC Sheetを提出します。
まとめ 1分	次回の授業の最後に、完成させたスピーチを録画するので、原稿をすぐに書けるよう準備しておくことを伝えます。

7. まとめ

　第2時ではスピーチの原稿は生徒の端末で作成させ、提出のフォルダを教師だけでなく生徒全員と共有し、他の生徒の原稿を見ることができるようにしておきます。こうすることで、表現や反駁の意見のヒントを得ることができるので互いの学びに大きく寄与します。

(参照1) 神戸新聞．(2023年6月2日)．文化祭がキャッシュレスに「星稜ペイ」使ってみた．高校生が2年かけ開発、面倒なお金の管理が劇的に．神戸新聞NEXT．(最終閲覧日：2024年4月22日), https://www.kobe-np.co.jp/news/kobe/202306/0016423281.shtml

(参照2) The Mainichi．(2022年6月30日)．Over 60% of 3rd-yr junior high schoolers in Japan use cashless payments: study. The Mainichi. (最終閲覧日：2024年4月22日), https://mainichi.jp/english/articles/20221028/p2a/00m/0na/020000c

(参照3) Brandon, H．(2021年4月19日)．Classless Trends in Japan: Learn Why People Are Using Less Cash. btrax. (最終閲覧日：2024年4月22日), https://blog.btrax.com/cashless-trends-in-japan/

Stage 2. 英語授業実践でのCLIL、ICT、UDL、PBLの模索

(1) CLIL

谷野：展開2では、生徒たちがただの意見交換にとどまらず、自分の意見を納得してもらうために説得することまでターゲットにしておられますね。アウトプット活動において、自分の意見をトピックの知識（content）（今回の場合はQRコード決済）で肉付けして自分の意見を発信させる過程で松山先生が特に意識しておられることがあれば教えてください。

松山：特に意識していることは論理的一貫性です。自分の意見を話したり、書いたりする時に

OREO等のフォーマットに沿って考えをまとめたりしますが、そのreasonとevidenceに論理的な繋がりがあるのかをしっかり考えるように、生徒には高校1年生の時から指導しています。ですから高校1年生の時は80～100語程度で意見を話したり、書いたりする活動でもreasonは1つだけにしてevidenceを充実させるように条件を設定していました。それに加えて、ブレインストーミングの途中でペアになり、意見を共有してフィードバックをもらう時間を設けています。その際は、「ペアの人が挙げたreasonに対してその後に用いるexampleは本当に関係があるのか」「こういった例があると一貫性がより出るのではないか」という点をまずはフィードバックとして返すようにと伝えています。その後に、そのフィードバックをもとに再度ブレインストーミングする時間をとり、自分の意見をブラッシュアップさせます。こうした活動を3年間続けてevidenceを充実させることができると、今回の単元の最後の授業で行うfive-paragraph essayも問題なく書くことができるようになると思っています。

> TIP：相互フィードバックで、論理的で一貫性のある意見を発信できるようにしましょう。

谷野：生徒たちの興味を引くために松山先生が教材研究の段階で特に意識しておられることがあれば教えてください。

松山：ただ"読んだり聞いたりして終わり"にせず、生徒が自分の意見を発信する場面を必ず作るようにしています。そのために、教科書の単元のトピックに関わる答えが1つではなく、かつ生徒の深い思考を促す問い（よくBig Questionと呼ばれたりするものです）を用意しています。その問いを単元の最初に生徒に提示し、単元の学習を通してその問いについて考えさせて、単元の最後にはその問いについて自分の意見を話したり書いたりして、周りのクラスメイトとその意見を共有します。この活動を行うことで、生徒はこれから扱う英文に興味・関心をもちながら主体的に関わり、クラスメイトの多様な考えに触れることができますし、"英語はコミュニケーションのための手段"という意識を持つことができます。実際、この活動をしている生徒たちはすごく楽しそうです。

> TIP：ContentについてBig Questionを設け、その問いを中心に授業を進めましょう。

(2) ICT

米田：授業は、基本的に教室に備え付けのプロジェクターでパワーポイントを投影して進められているのですか。そうだとしたらその一番のメリットは何でしょうか。

松山：はい、そのようにしています。メリットは視覚的な情報を与えられることです。前（スライド）を見ればわかるというのは、すべての生徒にとって授業に集中できる助けになります。Small Talkでも画像等を提示でき、リアリティーを感じながら聞くことができ

米田：ブレインストーミングで、生徒が各自の端末を使って情報収集する活動の詳細をもう少し詳しく教えてください。

松山：授業内の時間は限られているのでアイディアを広げるためにインターネットの力を借りてもいいと考えています。インターネット上の情報の真偽を見抜く必要等はありますが、これは英語科だけでなく全教科で指導していくことが大事だと思います。

米田：真偽の指導は、全教科で必要ですね。また、資料はデジタルで配信されていますね。

松山：ブレインストーミングをさらに深める資料としてのウェブサイトの記事はGoogle Classroom等のプラットフォーム上で紹介し、必要な生徒が各自の端末で読んでいます。生徒全員が読む必要があるものは紙で配付し、オプションは端末にすることで、重要度に軽重をつけることもできます（配付する紙の量を減らすという目的もあります）。音読活動の時間では、生徒が各自の端末で音声サイトにアクセスし、練習したいところを好きな方法で練習します。Googleドキュメントの音声入力を使って音読の成果を試す活動もあります。また多読でも、オンライン多読を利用して、通学のスキマ時間にも本を読み、インプット量を増やすようにしています。

| TIP：教材提示、資料収集、情報提供、音読練習、多読などにデジタルを活用しましょう。 |

米田：本時では黒板も活用されていますね。

松山：スライドは進むと見られないので、キャッシュレス決済の良い点・悪い点をまとめる時と、英文からadvantages／disadvantagesを抜き出す時には黒板を利用しました。黒板では情報が残るので、生徒が後でブレインストーミングする時に役に立つからです。

米田：英文をまとめていく時などで効果的なICTの活用方法はありますか。

松山：英文添削サイトgramaraを活用しています。音声読み上げサイトの「音読さん」もよく活用しています。自分が書いた英文を添削サイトでチェックしてもらい、読み上げサイトでモデル音声を作ってそれをもとに練習することを必須としました。

| TIP：デジタルとアナログを効果的に使い分けましょう。 |

(3) UDL

森田：すべての生徒が参加できるために、すべての生徒がわかる授業のために、松山先生が平常から心がけておられることを教えてください。

松山：私の授業では、毎授業席替えをし、ペアワークやグループワークを通してクラスメイト全員とコミュニケーションを取ることができる機会を創出しています。こうすることで、普段はあまり話すことのないクラスメイトとも会話をすることができ、クラス全体としてコミュニケーションを取ることへの抵抗感がなくなり、結果として、教室全体が

授業に積極的に取り組める雰囲気を醸成することに繋がっていると思います。また、発問をするときは、突然指名するのではなく、必ずThink-Pair-Shareのプロセスを経て、不安感を取り除くことで、安心して授業に参加できるよう工夫しています。

森田：授業を通じて、生徒どうしのより良い人間関係の構築に努められ、学習する上での不安を払拭している取り組みが素敵ですね。松山先生と生徒たちの教室での笑顔が、文面から伝わってきます。

> TIP：すべての生徒が、参加できる、わかる、授業を心がけましょう。

森田：生徒への指示やこちらが生徒へ伝えたい情報が効果的に伝わるよう、ICTなどを活用したり、工夫したりされている点はありますか。

松山：教室の前にあるプロジェクターで、スライド資料を投影しながら授業を進めています。前を見れば"今何をすべきか"がわかるようにしています。また、新しい活動に取り組む際は、私または生徒が実演、もしくは動画を利用し、必ず一度はモデルを提示し、生徒がスムーズにその活動ができるようにしています。生徒への配付物は、すべてUDデジタル教科書体NK-Rフォントを利用し、視覚的な情報の伝わりやすさにも配慮しています。

森田：特別な教育的配慮を要する生徒への支援は、なくてはならない支援であり、それは一般生徒にとっても効果的な支援となります。優しい授業を心がけておられますね。

> TIP：生徒に必要な情報が効果的に伝わるようにICTを適切に活用しましょう。

森田：生徒の動機づけ向上のために、多様なアプローチがありますが、授業等で意識して取り組んでいることはありますか。

松山：勉強の仕方など、仲間との取り組みの共有を通じて、動機づけ向上に取り組んでいます。生徒が互いの取り組みを共有することで、相乗効果となっています。

> TIP：生徒の動機づけ向上のため、多様なアプローチを組み合わせましょう。

(4) PBL

藤澤：今回の授業案では、スピーチやエッセイの最終成果物だけを総括的評価するのではなく、SC Sheetを使って形成的評価に繋げたり、相互フィードバックをしたりする機会も多く取り入れられています。PBLにおいても、最終成果物だけを評価することはたいへん難しく、形成的評価の場面をちりばめておくことが大切だと思います。この形成的評価が、評価を受けた側にとって有益なものとなるために、どのような工夫をしていますか。

松山：形成的評価が有益なものとなるためには、まず評価する側がきっちりと評価できることが必要です。その観点から、評価のプロセスをできるだけシンプルにすることを意識し

ています。こうすることで"何をチェックすればいいのか"がブレにくくなります。今回のSC Sheetだと、それぞれの項目についてyes／noで答える形にし、フィードバックの時も内容面のフィードバックに集中できるように、フィードバックのフレーズはSC Sheetにあらかじめ書いています。

> TIP：形成的評価が相手にとって役立つものになるように工夫して設計しましょう。

藤澤：確かにシンプルな形式を準備するためには、教師側に本質を捉えるまで考え抜くということが求められるので、結果的に洗練された教材になりますね。生徒たちにはフィードバックのコツを具体的に例示されているのでしょうか。

松山：どういったことをフィードバックするといいのかを繰り返し授業で伝えています。例えば「"reasonとevidenceが本当に関連しているか？""こういう具体例があるとよりよくなるのでは？""こういう表現を使うともっと伝わるのでは？"というような視点でフィードバックを返してあげると相手がより良いスピーチやエッセイにすることができるよ」と言っています。生徒がこれらを言えるということは、自分自身がスピーチやエッセイの構造や表現をきちんと理解できているということなので、最終的に自分のスピーチやエッセイをより良くすることができるようになります。

藤澤：いきなり本番を迎えるのではなくて、小さな舞台でのリハーサルの機会があることで、発表する側にも、それを見てフィードバックをする側にも、とても良い学びの機会が得られていますね。

> TIP：プロジェクトの中間発表やリハーサルの機会を設け、試行錯誤を奨励しましょう。

Stage 3. ここに注目！授業のまとめ

　本時は、論理・表現Ⅲ「話すこと［発表］」イの授業です。論理・表現の「話すこと［発表］」イは、そのアとは異なり、スピーチやプレゼンテーションなどの活動を通して話して伝えることをめざします。論理・表現Ⅲ「話すこと［発表］」アと論理・表現Ⅲ「話すこと［発表］」イは、そのⅠやⅡとは違い、聞き手を説得することが求められるのが特徴です。また、アとは異なる点としてイでは社会的な話題を扱うことや、特にそのⅢでは複数の資料を活用することなどがあります。よって、言語活動の例として、ニュースや新聞記事などの複数の資料の活用により、まとまりのある長さのスピーチやプレゼンテーションをする活動が考えられます。

　松山先生の授業案については、次のように緻密にデザインされています。まず、生徒たちには、新聞の記事を読んで活用する機会があります。目的・場面・状況の設定があり、言語活動に取り組み、グラフィックオーガナイザーのcompare／contrast matrixにまとめます。この次の話すことでは、評価するSC Sheetが配付されて説明され、その実際の使用に向けて、個人

でブレインストーミングをします（この時に新たに資料が紹介されます）。その後、ペアでスピーチの練習をして、弱点を補強する機会があります。そしていよいよ本番のスピーチです。そこではSC Sheetを使って評価して、相手にフィードバックをします。このように論理・表現Ⅲとして高等学校3年間のまとめとなる授業展開や活動になっています（大学等への接続を意識される上でも、とても参考になるものでしょう）。

CLIL × ICT × UDL × PBL　CLILについては、思考（cognition）の仕掛けに注目すべきでしょう。ペアで内容を吟味させ、ブレインストーミングやフィードバックを通して思考を洗練させ、論理的一貫性を強化しています。生徒の興味を引くようにBig Questionとして、深い思考を促す問いを設定して「ゆさぶる問い」が重要であることを教えてくれています。ICTで松山先生は、添削サイトや音声サイトなどのICTを活用した英語の学び方を体験させる一方で、紙のプリントを配付したり、黒板も活用したりとアナログもうまく併用されています。UDLでは、ユニバーサルデザインフォントなどで、教室にいる多様な生徒に配慮しながら、生徒が学習のモチベーションを高めることのできる工夫がたくさんちりばめられています。ユニバーサルデザインの観点から、語学に携わる教員として、生徒にどのように向き合うべきなのか、何を伝え、どのように生徒と学び合うのかという教育の原点を再認識することができます。PBLについては、授業デザインに多くの形成的評価のポイントが含まれているのですばらしいと思いました。教員だけでなく、生徒も評価に携わるわけですが、評価するためには、何を大切にしているのかを考え抜く作業が求められます。このプロセスで生徒のメタ認知能力がとても鍛えられると思いました。

V　すぐれた高校授業を実現するために

> 「主体的・対話的で深い学び」×CLIL×ICT×UDL×PBLの成功のカギと今後への備え

　本書では、高校でのすぐれた英語授業を追究する要件を提示しています。まずは「学習指導要領にもとづく」ということです。よって、例えば「主体的・対話的で深い学び」がキーワードになってきます。また、Ⅰ-1でもお伝えしたように、CLIL、ICT、UDL、及びPBLも重要であると考えています。

　授業案を執筆して下さった先生方は、たいへん力のある先生方です。ご自分の授業スタイルをもっていて、自信をもって、日々、授業実践されています。その先生方が、本書執筆では、(窮屈な思いをされたかもしれませんが) 本書の編集の方針に従い、学習指導要領にもとづいて、高校用検定教科書を使った授業案を書いてくださいました。

　それぞれの授業案は、ある教科書のあるページにもとづいて、ある領域ごとの目標を達成するように書かれています。その際、読者の皆様の様々なご要望に応えることを期待して書かれています。それは、様々な授業の環境であっても対応できるような工夫を試みているという意味です。また、読者の皆様が、その科目を現任校の授業では担当されていない場合でも、実際に担当されている科目の授業で、応用や活用をしていただくことができるように書かれています。よって、例えば、論理・表現Ⅰの授業を、また、例えば英語コミュニケーションⅢの授業を担当されていないとしても、本書の授業案で提示されている授業展開や、授業の大技・小技、教師の発話 (teacher talk) 等々を、ご担当の授業で、応用や活用をしていただきたいと思います。よって、隅から隅までお読みいただきたいと思います。

　このⅤでは、本書で何をめざしたかをお伝えして、本書の記述を振り返っていただく端緒にもしていただければと思います。

　本書の企画の基本的な考えは、「執筆者の思いを200％発揮して、学習指導要領にもとづいたより良い授業で、すべての生徒がよりよく学べるように」ということで、生徒から「次の授業も楽しみ…♬！」という声が出る授業を提案したいというものです。そのためには、指導の基礎・基本の徹底を踏まえて、すべての先生に役立つことを、また、すぐれた授業をしていると皆さんが認めている先生さえもうならせることをめざしました。

　また、出版にあたって、執筆者は『中学英語×「主体的・対話的で深い学び」×CLIL×ICT×UDL』の「2. 本書の基盤」の次の引用などを共有していました。

> 前著には、「主体的・対話的で深い学び」を生徒たちが達成するための授業構造としての大きな枠組みがあります。そこでは、「『主体的・対話的で深い学び』の下支え」が根底にあって、基礎を固めて、そのすぐ上には、学習指導要領があります。これら2つをしっかり踏まえて、「主体的・対話的で深い学び」を生徒たちが達成するための「教師の指導・支援の7の原則」があります。これらの土台の上に、言い換えるとそれらに支えられて、授業実践があることを示しています。ちなみに「『主体的・対話的で深い学び』の下支え」は、「授業進行の基礎・基本」「CLILの考え方」、齋藤榮二先生の「授業の10の原則」(齋藤、1996)、の3つから成ります。「授業の10の原則」では、現在の英語授業においても活用すべき基礎・基本が端的にまとめられています。

　また、本書の執筆の基本として、学習指導要領等に拠り、具体的には、『高等学校学習指導要領(平成30年告示)解説外国語編英語編』と『「指導と評価の一体化」のための学習評価に関する参考資料』に依拠することとしています。よって、例えば、4技能統合、コミュニケーション能力の育成、本時の目標と本時の評価規準の設定、中高接続、統合的な言語活動(「目的や場面, 状況など」の設定で)、支援、pre-, while-, post- などを重視しています。また、授業案執筆においては、執筆者が個性あふれる自然体の授業案を執筆して、意図的にCLIL、ICT、UDL、及びPBLを前に出して執筆するということは絶対にしないこととしました。インタビューでは、CLIL、ICT、UDL、及びPBLの専門家がそれぞれの立場で提案しますが、その提案を受け入れていただいても、受け入れていただかなくてももちろんよく、ただ、どちらの場合でも、その理由や具体例を示し、深い議論をお願いしていました。

　本書のⅣの実際の授業での展開例のStage 1では授業者が授業を提案して、Stage 2でCLIL、ICT、UDL、及びPBLについてその専門家と授業者のインタビューがあり、それを受けたStage 3で各授業をまとめています。今一度、是非、それぞれの授業を振り返っていただきたいです。

　いつの世にも色あせないことを本書はめざしています。敢えて申し上げたいのは、私たちは公教育での英語指導を実践するのですから、その枠組みを遵守しなければなりません。しかし、現行の学習指導要領は早晩改訂されるでしょうが、大切なのは、その中にあっても、良い授業をして、私たちの信念や指導についての説明責任を終生果たさなければならないということです。「良い先生していますか」を自問しながら、すぐれた授業をし続けなければなりません。最高の授業は、最高の生徒指導です。この気概で、変化を鋭く予見しながら、日々、すぐれた授業実践を、やっていきたいと思います。
　本書が、本書のシリーズが、皆さんのお力になり続けられますことを念じてやみません。

参考文献

独立行政法人教職員支援機構（2022）.「新学習指導要領の改訂のポイントと学習評価（高等学校 外国語科）：新学習指導要領編 No75」https://www.nits.go.jp/materials/youryou/075.html.

国井信一・橋本敬子（2019）.『究極の英語学習法 K/H システム 基本編』アルク.

中川智皓（2017）.『授業でできる即興型ディベート』パーラメンタリーディベート人材育成協会（ネリーズ出版）.

中田達也（2017）.「第2章 単語・語彙の獲得」西原哲雄（編）『朝倉日英対照言語学シリーズ 発展編2 心理言語学』(pp. 41-71). 朝倉書店.

中田達也（2019）.『英単語学習の科学』研究社.

齋藤榮二（1996）.『これだけは知っておきたい英語授業レベルアップの基礎』大修館書店.

笹島茂（2020）.『教育としてのCLIL』三修社.

佐々木啓成（2020）.『リテリングを活用した英語指導 ― 理解した内容を自分の言葉で発信する』大修館書店.

白井俊（2020）.『OECD Education 2030 プロジェクトが描く教育の未来：エージェンシー、資質・能力とカリキュラム』ミネルヴァ書房.

高橋昌由（2021）.「こうすれば生徒たちは『主体的・対話的で深い学び』に」高橋昌由（編）『英語×「主体的・対話的で深い学び」』(pp. 1-17). 大学教育出版.

PLC便り（2012年8月19日）.「大切な友だち」. http://projectbetterschool.blogspot.com/2012/08/blog-post_19.html.

渡部良典・池田真・和泉伸一（2011）.『CLIL（内容言語統合型学習）上智大学外国語教育の新たなる挑戦第1巻 原理と方法』上智大学出版.

Bentley, K. (2010). *The TKT Course CLIL Module*. Cambridge English.

Coyle, D. (2008). CLIL—A Pedagogical Approach from the European Perspective. In: Hornberger, N.H. (eds) *Encyclopedia of Language and Education*. Springer. https://doi.org/10.1007/978-0-387-30424-3_92

Coyle, D., Hood, P., & Marsh, D. (2010). *CLIL: Content and language integrated learning*. Cambridge University Press.

Fisher, D. & Frey, N. (2013). *Better Learning Through Structured Teaching: A Framework for the Gradual Release of Responsibility* (2nd ed.). ASCD.［吉田新一郎（訳）（2017）.『「学びの責任」は誰にあるのか：「責任の移行モデル」で授業が変わる』新評論.］

Miller, G.A. (1956). "The Magical Number Seven, Plus or Minus Two: Some Limits on Our Capacity for Processing Information." *The Psychological Review, 63*(2), 81-97.

Patton, A., & Robin, J. (2012). *Work that matters: The teacher's guide to project-based learning*. Paul Hamlyn Foundation. https://www.phf.org.uk/publications/work-matters-teachers-guide-project-based-learning/

Sakamoto, M. (2022). The missing C: addressing criticality in CLIL. *International Journal of Bilingual Education and Bilingualism, 25*(7), 2422–2434. https://doi.org/10.1080/13670050.2021.1914540

索引

【A～Z】

abceed　　76
AERA　　72
AI　　62
ALT　　119
autonomous　　102
Big Question　　127
Blooket　　75
Body　　122
Brainstorming　　21
CAN-DO リスト　　18, 66
Canva　　102
CBI　　10
ChatGPT　　74
chunk　　33
Classi　　101
CLIL　　10
CLT　　10
cognition　　10, 61
communication　　10
communication strategies　　96
Communicative Language Teaching　　10
compare／contrast matrix　　130
compliments　　7, 125
concept map　　80
Conclusion　　122
content　　10
Content and Language Integrated Learning　　10
Content Based Instruction　　10
counter argument　　122
critical friends　　6
criticality　　41
culture　　10
DeepL　　102
delivery　　119
essay　　ii
Example　　20
fact check　　74
five-paragraph essay　　120, 122, 127
Flip　　77
Google Classroom　　75
Google Form　　75

Google Slides　　102
gramara　　128
Grammarly　　102
gratitude　　7
$i + 1$　　114
ICT　　10
ICTにふりまわされない　　13
Impact　　20
independent　　102
Inferential question　　96
Information and Communication Technology　　10
information gap　　75
input　　67
Introduction　　122
Jamboard　　46
JTE　　119
Kahoot!　　75
Keynote　　102
Magical Number 7 ± 2　　5
Motion　　18
multi-dependent　　102
oral introduction　　80, 82, 87
OREO　　60, 72, 85, 127
Padlet　　75, 77
paragraph　　ii
PBL　　11
peer review　　60
persuasive speech　　124
plan B　　115
Point　　20
PowerPoint　　102
pre-, while-, post-　　ii, 135
PREP法　　20
Project-Based Learning　　11
pros and cons　　122
QRコード　　95, 119, 122
Quizlet　　75
Reason　　20
repeat after 先生　　111
schema activation　　ii
Signpost　　20
Small Talk　　5, 122

story reproduction　　36
strategy　　3
suggestions　　125
teacher talk　　134
Teach to your passion!　　15
Think-Pair-Share　　117, 129
three good things　　7
UDL　　11
UDデジタル教科書体NK-Rフォント　　129
Universal Design for Learning　　11
vertical pairs　　99
Willingness to Communicate　　78, 101
WTC　　78, 101

【あ行】
アイコンタクト　　50
アイスブレイク活動　　7
合いの手スラッシュリーディングシート　　32
曖昧さへの耐性　　33, 39, 78
アウトプット活動　　6, 29, 63, 119
足場かけ　　45, 50, 51, 67, 74, 98, 101, 109, 114
アドバンス・ラーナー　　116
アナログ　　37, 131
安全・安心　　55, 63, 64
一貫性　　120, 124
一斉、協働、個別（一斉・協働・個別）　　12, 40
いつもちょっとトラブル　　13
インテイク　　74
インプット　　74
インプット仮説　　114
インプット活動　　29, 119
上からゆっくりと消えていくアニメーション　　32
英語を使いたい！　　93
英文添削サイト　　128
エッセイ　　ii, 92, 113
オーディエンス　　77
音脱落　　96
音連結　　96
帯活動　　28, 45, 69
音声入力　　10
音声読み上げサイト　　128
音読　　21, 22, 43, 71
音読さん　　128
オンライン多読　　128

【か行】
概念地図　　80
開本　　83
学習方略　　76
学習ログ　　50
固まり　　33
活動→指導→活動　　45
活動の記録　　36
家庭学習　　37, 62, 66, 73, 99
簡易アナライザー　　83
関係性　　103
観点別評価　　18
キーワード　　107
机間指導　　35, 58, 86
机間支援　　97, 98
気づき　　7, 28, 78, 92
教育の原点　　131
教科書選定　　38
協業　　53
教材研究　　74, 127
教室でしかできないこと　　74
教師の発話　　134
協働　　77
協働学習　　88
協働的な学び　　6
議論　　87
具体例　　20
グラフィックオーガナイザー　　87, 130
繰り返し　　5, 29, 48
グループワーク　　55, 128
クレジットタイトル　　115
形式重視　　29
形成的評価　　25, 77, 124, 129, 131
ゲーム性　　32, 69, 75
結束性　　124
言語化　　90
言語活動　　28, 86
言語材料　　71, 84
建設的な批評　　14, 65, 78, 90, 103
公教育　　135
肯定的なフィードバック　　73
語数　　36
答えのない問い　　64
言葉を紡ぐ練習　　104

個の学び　89, 116
個別最適　75
個別最適化　40, 88
コミュニケーションストラテジー　96, 100
コミュニケーション能力　6
コミュニケーション能力の育成　135
コンセプトマップ　80, 84, 107, 109

【さ行】
最終成果物　129
再話　29
参加意識　7
3秒ルール　33
ジェスチャー　114
支援　32, 43, 46, 50
自学　37
視覚支援　63
仕掛け　28, 48, 114
時間制限　96
思考　46, 49, 61, 96, 99
自己関連性　49
自己決定　76
自己肯定感　6, 7, 63, 89
自己調整　47
自己調整学習　94, 102
自己評価　20, 47
自信　6
視線　114
質問　7
自分事　38, 54
社会的エージェント　7
写真　72
シャドーイング　28
ジャッジ　18
集団力学　103
重要性　20
授業スタイル　134
授業デザイン　28, 35, 39, 131
授業の大技・小技　134
宿題　55, 60, 62, 107, 109, 113
主体的・対話的で深い学び　3
主体的に学習に取り組む態度　43
主張　20
情熱　15

使用場面　106
情報通信技術　i
情報量　37, 103
自律　102
自立　102
自律した学び手　6
自律性　6
自律的学習者　7, 51
シンキングツール　62
心的負荷　32
審判　18
心理的安全　96
心理的安全性　7, 38
心理的に安全な空間　14, 78
推測リテリング　32
スイッチ　5
スキーマの活性化　ii, 32, 122
スキマ時間　128
スキル　83
スタディ・ログ　50
捨て去る勇気　74
ストップウォッチ　33
ストラテジー　3, 83, 92
図の配置　103
スピーチシート　19
スライド　83, 103
スラッシュリーディング　32
スリル感　37
スローラーナー　32, 63, 109, 116
性格　103
成果発表　77, 116
成果発表の場　14, 117
成果物　15, 39, 90
成功体験　109
生成AI　74
生成系AI　102
声量　38
席順　72
責任の移行モデル　19
説得　123, 126
総括的評価　124, 129
相互評価　6
相互評価力　6
相互フィードバック　129

双方向　53

【た行】
ターンテイキング　51
大切な友だち　6
対話スキル　103
立ち位置　114
多読　128
探究的な学び　101
単語シート　30
単語帳　37
単方向　53
段落　ii
チーム　52
知識の穴　34
知識の受け手　6
中高接続　135
抽象 → 具体　85
聴覚的なアプローチ　89
躓き　34, 89
ティーム・ティーチング　119
定期考査　25
ディスカッション　43, 96
ディスコースマーカー　112
定着　69
ディベーター　19
ディベート　18
デザイン　130
デジタル教材　37, 102
デジタルツール　74
テスト効果　29, 30
テストの設計図　102
デモ作品　90
電子黒板　115
動機づけ　48, 76, 109, 129
統合的な言語活動　3, 53, 91, 118, 135
動作不良　115
当事者意識　101
同時読み　22
同僚性　53
特別な教育的配慮　129
匿名性　77
読解プロセス　86
トレーニング　38

【な行】
内省　98
内発的動機づけ　116
内容言語統合型学習　i
内容重視　29
内容スキーマ　109, 114
何のためにICTを使うのか　105
伸びこぼし　51

【は行】
背景知識の活性化　ii, 117
ハイテックハイ　64
パタン・プラクティス　66, 76
発音　97
発問　129
発話量　38
パフォーマンス課題　81
パフォーマンステスト　89
場面設定　109
パラグラフ　ii, 69, 72, 113
パラグラフチャート　49
パラグラフの構成　49
パラグラフリーディング　103
パラフレーズ　116
板書　62, 83
ハンドアウト　103
反駁　126
ピア・フィードバック　6, 72, 78
批判的思考力　6, 18, 90
評価基準　47
表現力　18
標識　20
不安　51, 129
不安感　129
フィードバック　45, 104
フィードフォワード　45
フォント　103
負荷　114
副教材　80
複数の段落　119
複数のパラグラフ　119
フラッシュカード　102
振り返り　6, 73
ブレインストーミング　20, 109, 119, 128

プレゼンテーション　　114
プロジェクト　　11
プロジェクト化　　39
プロジェクト型学習　　i, 11
プロジェクトの中間発表　　14
プロソディ　　97
雰囲気作り　　69
文法矯正アプリ　　73
ペアワーク　　5, 55, 128
方略　　3, 118
補足資料　　87
本質的な問い　　15, 64
翻訳アプリ　　73

【ま行】
学びの責任　　19
学びのためのユニバーサルデザイン　　i
見通し　　15, 43
ミニ即興ディベート　　18
見本　　75
明示的説明　　103
メタ認知　　99, 103
メタ認知能力　　131
メモ　　46, 107, 111
目的や場面，状況など（目的や場面、状況など）
　　　　3, 135
モチベーション　　6, 35
モデル　　78, 109
モニタリング　　34

【や行】
やる気　　40, 77
揺さぶる　　49
ゆさぶる問い　　131

要約図　　34
良きモデル　　112
4つのC　　10
4人1組　　88
4人グループ　　112
4人組（4人のグループ）　　72
4技能・五領域　　113
4技能統合　　135
4Cs　　10

【ら行】
リード＆ルックアップ　　22
理解、表現、伝え合い　　3
リスニングストラテジー　　117
リダクション　　96
リッスン＆リピート　　22
リテリング　　29, 46
リハーサル　　14, 130
リフレクション　　15, 94, 103
リフレクショントーク　　99
理由　　20
リライト　　79
リンキング　　96
ルーブリック　　18, 25, 87, 89, 112
連携　　105
ロイロノート・スクール　　55
論題　　18
論理性　　53, 120
論理的一貫性　　126
論理の構成や展開　　60, 123, 124
論理の流れ　　39, 49

【わ行】
ワクワク感　　15, 52, 116

執筆担当

はじめに　　　　　　　　　　　　　　　　　　　　　　　　　　　　　高橋昌由

本書をお読みいただくにあたって　　　　　　　　　　　　　　　　　　高橋昌由

Ⅰ　「主体的・対話的で深い学び」を達成するために

 1.　本書の概要　　　　　　　　　　　　　　　　　　　　　　　　　高橋昌由

 2.　求められる英語授業実践の基礎・基本：学習指導要領「外国語（英語）」の基本的な考え方と授業のツボ　　　　　　　　　　　　　　　　　　　　　岡﨑伸一

 3.　「主体的・対話的で深い学び」とピア・フィードバック　　　　　　溝畑保之

Ⅱ　求められる英語授業実践の充実のために：CLIL、ICT、UDL、PBL

 CLIL、ICT、UDL、PBL とは？　なぜ必要か？　何が必要か？　谷野圭亮、米田謙三、森田琢也、藤澤佑介、高橋昌由

Ⅲ　生徒が主体的に行うミニ即興ディベート

 「責任の移行モデル」で自律した学びを成立させよう　　　　　　　　溝畑保之

Ⅳ　実際の授業での展開例

		Stage 1	Stage 2	Stage 3
1.	英語コミュニケーションⅠ：東京書籍　Power On English Communication I 「読むこと」イ	阿部慎太郎	CLIL：谷野　圭亮 ICT：米田　謙三 UDL：森田　琢也 PBL：藤澤　佑介	高橋　昌由
2.	英語コミュニケーションⅠ：三省堂　MY WAY English Communication I 「話すこと［やり取り］」イ	鈴木　啓		
3.	論理・表現Ⅰ：新興出版社啓林館　Standard Vision Quest English Logic and Expression I 「話すこと［やり取り］」イ	鈴木　優子		
4.	論理・表現Ⅰ：数研出版　EARTHRISE English Logic and Expression I Advanced 「書くこと」ア	岩瀬　俊介		
5.	英語コミュニケーションⅡ：数研出版　BIG DIPPER English Communication II 「読むこと」イ	堀尾　美央		
6.	論理・表現Ⅱ：三省堂　MY WAY Logic and Expression II 「話すこと［やり取り］」イ	芹澤　和彦		
7.	英語コミュニケーションⅢ：数研出版　BLUE MARBLE English Communication III 「聞くこと」イ	前田　秋輔		
8.	論理・表現Ⅲ：新興出版社啓林館　Vision Quest English Logic and Expression III 「話すこと［発表］」イ	松山　知紘		

Ⅴ　すぐれた高校授業を実現するために

 「主体的・対話的で深い学び」× CLIL × ICT × UDL × PBL の成功のカギと今後への備え　　　　　　　　　　　　　　　　　　　　　　　　　　　　　　高橋昌由・岡﨑伸一

執筆者紹介

阿部慎太郎　著者
西南学院中学校高等学校教諭。九州大学文学部で英語学を学び現職。大学在学時、シンガポール国立大学へ留学。アウトプット活動を通して「体得」をめざした授業を実践している。著書に『英語授業「主体的・対話的で深い学び」を高めるために』がある。

藤澤佑介　著者
土佐塾中学高等学校教諭。ハワイ大学マノア校大学院修了、修士（第二言語研究）。プロジェクト型学習等の探究学習の他、NVCや学習する組織等を背景とした対話型の組織開発に関する研修講師を務める。

Alex M. Hayashi　英文校閲
常磐会学園大学教授、同志社大学兼任講師。UK, Leeds 大学大学院、Chichester 大学大学院、NZ, IPU 大学の各講師、TOEIC® 研修講師を経て現職。GENIUS 和英辞典英文校閲、All Japan 大学生英語弁論大会審査委員。

堀尾美央　著者
関西大学中等部・高等部教諭。滋賀県の公立高校で13年間勤めた後、現職。2016年度JICA主催グローバル教育コンクール最優秀賞、Global Teacher Prize 2018 Top50。世界中を息子とバックパッカーで旅するのが今の夢。

岩瀬俊介　著者
学校法人石川高等学校・石川義塾中学校教諭。ELEC同友会英語教育学会・副会長。『中学英語サポートBOOKS 英語教師のためのICT＆1人1台端末「超」活用法・基本編』（明治図書）等出版物多数。2022年よりスタディサプリ中学講座英語講師。

前田秋輔　著者
東京都立桜修館中等教育学校主任教諭。小中一貫教育施設分離型中学校教諭を経て現職。東京都中学校英語教育研究会調査部員、令和元年度東京都教育研究員。都立小学校用英語教材検討委員として、教材開発にも携わる。

松山知紘　著者
大阪府立大手前高等学校教諭。初任校の大阪府立北野高等学校勤務時から、受験指導に偏らないアウトプット活動を取り入れた授業を展開。総合的な英語の力を伸ばす授業を実践中。『コーパスクラウン総合英語』（三省堂）執筆。関西英語授業研究会Harvest代表も務める。

溝畑保之　著者
桃山学院教育大学、大阪公立大学講師。大阪府立高校教諭、指導教諭、私立中高等学校教諭を経て現職。4技能型の実践で第8、17回「英検」研究助成入選、大阪府優秀教職員等表彰。大修館書店より『英語指導ハンドブック』等を共同執筆。論文、口頭発表多数。

森田琢也　著者
大阪教育大学附属高等学校池田校舎教諭。一般企業、公立中学校講師、私立中高等学校教諭、大阪府立支援学校、大阪府立高校教諭を経て現職。『英語科・外国語活動の理論と実践』編著吉田晴世他（あいり出版）に授業実践掲載。ワークショップ多数。

岡﨑伸一　著者
熊本大学大学院教育学研究科准教授（教育学部併任）。東京都公立中学校・指導教諭を経て現職。千葉大学大学院、修士（教育学）。昭和女子大学大学院博士後期課程満期退学、文京学院大学大学院、修士（英語コミュニケー

ション）。中学校英語教科書の編集委員。

Joseph Ring　英文校閲
大阪成蹊大学教育学部教授、英語教育センター Deputy Director（センター長代理）。博士（Temple University）、教育学修士。専門分野は教育心理学、モチベーション、潜在成長曲線モデル（LGM）。

芹澤和彦　著者
大阪高等学校講師。アントレプレナーシップ教育、ICT、探究の実践家。講演、企業・教員研修、イベント運営多数。EF Excellent Award in Language Teaching 2019 Japan Finalist 第2位。著書『中学校・高等学校4技能5領域の英語言語活動アイデア』（明治図書）。

鈴木　啓　著者
新潟市立万代高等学校教諭。公立中学校教諭を経て現職。文部科学省英語教育推進リーダー。中高連携した英語教育をめざし実践発表や論文執筆多数。新潟大学教職支援センター講師として教員養成にも携わる。

鈴木優子　著者
出版社勤務等を経て高槻中学・高等学校教諭（学年主任・英語科主任など）。現在はケンブリッジ大学のメソッドを用いた授業を展開。ケンブリッジ英語教授法認定資格CELT -S取得。関西英語授業研究会Harvest北大阪支部相談役、ロイロノート認定ティーチャー。

高橋昌由　編著者
大阪成蹊大学教育学部准教授。大阪府公立高校教諭・指導教諭・首席、津山工業高等専門学校教授を経て現職。関西大学博士後期課程で齋藤榮二先生から薫陶を受ける。『ジーニアス和英辞典（第3版）』（大修館書店）、英語表現検定教科書Vision Quest等執筆。講演、論文多数。

谷野圭亮　著者
大阪公立大学工業高等専門学校専任講師。大阪教育大学大学院在学中にヨーロッパでのCLIL教育実習を経験し、英語の授業にCLILの観点を取り入れることに興味を持つ。英文誌 *Asian CLIL* 編集委員。趣味はクラフトビールのレシピの考案。

米田謙三　著者
早稲田摂陵高等学校教諭。専門分野はICTを活用した効果的な教育と協働学習で、現在の勤務校では情報科・地歴公民科・外国語科・（探究学習）を担当。教育の情報化、グローバル、アクティブラーニング、探究、STEAM等セミナーや研修会の講師を務める。

■編著者紹介

高橋　昌由（たかはし　まさゆき）

最終学歴：関西大学大学院外国語教育学研究科博士課程後期課程外国語教育学専攻単位取得満期退学

現　　職：大阪成蹊大学教育学部准教授

学　　位：アメリカペンシルバニア州立テンプル大学大学院教育学研究科修士課程英語教授法専攻修了、教育学修士

研究分野：英語教授法、TESOL

主著

『英語授業実践学の展開 ― 齋藤栄二先生御退職記念論文集』（2007、三省堂）

『ジーニアス和英辞典（第3版）』（2011、大修館書店）

『英語×「主体的・対話的で深い学び」― 中学校・高校　新学習指導要領対応 ―』（大学教育出版、2021）

高校英語「主体的・対話的で深い学び」
×CLIL×ICT×UDL×PBL

2024年11月29日　初版第1刷発行

■編　著　者 ── 高橋昌由
■発　行　者 ── 佐藤　守
■発　行　所 ── 株式会社 大学教育出版
　　　　　　　　〒700-0953　岡山市南区西市 855-4
　　　　　　　　電話(086)244-1268㈹　FAX(086)246-0294
■印刷製本 ── モリモト印刷㈱
■ＤＴＰ ── 林　雅子

© Masayuki Takahashi 2024, Printed in Japan
検印省略　　落丁・乱丁本はお取り替えいたします。
本書のコピー・スキャン・デジタル化等の無断複製は、著作権法上での例外を除き禁じられています。本書を代行業者等の第三者に依頼してスキャンやデジタル化することは、たとえ個人や家庭内での利用でも著作権法違反です。

本書に関するご意見・ご感想を右記（ＱＲコード）サイトまでお寄せください。

ISBN978-4-86692-326-0

好評発売中!!

英語授業「主体的・対話的で深い学び」を高めるために

編著者 高橋昌由　ISBN978-4-86692-261-4
定価：1,980円（本体1,800円）　B5判　152頁　2023年9月10日発行

学習指導要領がめざす「主体的・対話的で深い学び」に対応できる英語授業実践をサポートするため、「Tips for Do's：さまざまな目的の授業展開」と「すぐれた授業を実現するための授業実践のツボ」を提示する。

主な目次
- I　英語教育のために：「教育、教育、教育の日本に！」
- II　求められるパラダイムの転換
- III　様々な目的の授業展開
- IV　すぐれた授業を実現するための授業実践のツボ
- V　よりよい英語教育をめざして

中学英語「主体的・対話的で深い学び」×CLIL×ICT×UDL

編著者 高橋昌由　ISBN978-4-86692-227-0
定価：1,980円（本体1,800円）　B5判　148頁　2022年10月31日発行

次期学習指導要領がめざす「主体的・対話的で深い学び」に対応できる英語授業実践をサポートする実践方法を提示する。特に4技能5領域を統合する授業展開で思考を高めることを意図した内容言語統合型学習、ICT活用、ユニバーサル・デザインを取り上げる。

主な目次
- I　「主体的・対話的で深い学び」を達成するために
- II　よりすぐれた英語授業実践の成功への基礎・基本のために
- III　「主体的・対話的で深い学び」の成功のための小・中・高の接続
- IV　求められる英語授業実践の基礎・基本のために：CLIL、ICT、UDL
- V　実際の授業での展開例
- VI　すぐれた授業を実現するために：「主体的・対話的で深い学び」×CLIL×ICT×UDL の成功のカギ

英語×「主体的・対話的で深い学び」
― 中学校・高校 新学習指導要領対応 ―

編著者 高橋昌由　ISBN978-4-86692-114-3
定価：1,980円（本体1,800円）　A5判　164頁　2021年2月10日発行

次期学習指導要領が目指す「主体的・対話的で深い学び」に対応できる英語授業サポートの実践方法を提示する。
特に「4技能5領域」を統合する授業展開でコミュニケーション能力の総合的な育成に資する中高校英語教員のための教材。

主な目次
- I　こうすれば生徒たちは「主体的・対話的で深い学び」に
- II　Hop「主体的・対話的で深い学び」の英語授業　基礎編
- III　Step「主体的・対話的で深い学び」の英語授業　標準編
- IV　Jump「主体的・対話的で深い学び」の英語授業　発展編
- V　『総学』・『探究』的な「主体的・対話的で深い学び」の英語授業

● 最寄りの書店か小社ホームページにてご注文ください。

■本社　〒700-0953 岡山市南区西市855-4
TEL（086）244-1268（代）　FAX（086）246-0294
E-mail：info@kyoiku.co.jp
https://www.kyoiku.co.jp

学術教育図書出版
株式会社 大学教育出版

日本を知る社会シリーズ

シリーズ1

日本史人名一問一答
新装版

中学入試最難関校レベル
一問で2回練習できる4つの選択肢つき

問題、大日本帝国憲法や教育勅語を制定し、強力な近代天皇制国家を確立した人物を答えなさい。

(　　　　　　　　)

1、孝明天皇　　2、明治天皇
3、大正天皇　　4、昭和天皇

(　　　)

新装版